TJ Special File 16

米国アスレティックトレーニング教育の今

阿部（平石）さゆり 著

はじめに

　本書を手に取ってくださり、ありがとうございます。

　ブックハウス・エイチディ、月刊トレーニング・ジャーナル編集長の浅野将志氏に「好きな内容でいいので、連載を書いてみませんか」と声をかけていただいたときには、こんな自由なオファーがあるのかと驚きましたが、本当にその言葉通り、浅野氏には自由に好きなことを好きなだけ書かせていただきました。

　お陰様で、と言いますか、エビデンスに基づく実践（Evidence-Based Practice, EBP）の話から、脳振盪に救急対応、そして教育色の強い話まで、ここまでやるか！　というくらい私の好みの題材ばかりを詰め込んだ一冊になっています。個人的に、第10章のアスレティックトレーナーという職業のあり方についての話は、他の医療従事職やスポーツの現場に関わる皆様にも当てはまる内容なのではないかな、と勝手ながら感じていますので、ぜひ多くの方にご一読いただければ幸いです。

　アスレティックトレーナーとしての信念や教育者としての哲学など、一年という時間をかけて文章化していく中で、うねっていた思考の輪郭がどんどんはっきりしていく過程は、なかなか楽しかったです。変な言い方かもしれませんが、自分はこんなことを考えていたんだなぁという確認作業のようでもありました。

　連載期間、そして書籍準備に合計で一年半ほどの時間がかかっているのですが、こうしている間にも、医療界の時間は着実に流れていますね。本書で言及されているSCAT3といえば、ほんの数日前に最新版のSCAT5が発表されたところですし。

　連載に関して「移り変わる時代の中で、『今』に関して言及する価値はあるのかな？　と思うのですが…」と友人相手にふとぼやいたときに、「移り変わる時代だからこそ、『今』を書き記しておく人が必要なんだろう」と言われ、妙に納得したのを覚えています。この本は10年20年経ってから読み返すと「こんな時代があったのか」と、また違った味わいや楽しみ方が出てくるのかもしれませんね。

　流れゆく時代にするりと滑らせたひとつの「しおり」として、本書を活用していただけたら、こんなに嬉しいことはありません。

2017年5月

阿部（平石）さゆり

米国アスレティックトレーニング教育の今

はじめに …………………………………………………………………… 3

1 アスレティックトレーニング教育は修士レベルへ ………… 6

2 エビデンスに基づいた、の意味するものとは ……………… 15
── 実は自然に実践しているEBP

3 医療教育にもダイバーシティ（多様性）を ………………… 26
── 文化的知性と能力を兼ね備えたアスレティックトレーナーになるには

4 医療最前線だからこそ求められる救急力（1） …………… 36
── 糖尿病、喘息、熱中症、他

5 医療最前線だからこそ求められる救急力（2） …………… 48
── 急性頸椎損傷疑いをどう扱うか

6 脳振盪（1） ………………………………………………………… 60

7 脳振盪（2） ………………………………………………………… 75
── 脳振盪の評価

8 脳振盪（3） ………………………………………………………… 89

目次

9 スポーツ障害予防について考える ……………………………… 101

10 より長く、生き生きとしたアスレティックトレーナーで
あり続けるために………………………………………………… 111

11 医療のこれからを担う人たちのために ……………………… 122
—— 育成環境の最先端

12 専門性と多様性のバランス …………………………………… 132
—— 変化し続けるアスレティックトレーナー像

本書は「月刊トレーニング・ジャーナル」2016年6月号〜2017年5月号にタイトル「米国アスレティックトレーニング教育現場の今」として連載されたものを加筆・修正した。

ブックデザイン●青野哲之（ハンプティー・ダンプティー）

5

1
アスレティックトレーニング教育は
修士レベルへ

　私がアスレティックトレーナーになるためにアメリカへ留学をしたのが約14年前。その後、大学卒業、大学院卒業を経て、現在の職場であるTexas A&M University-Corpus Christiに勤め始めてから早6年が経ちます。

　ここまで、アスレティックトレーニング（AT）学生として、現場で働く臨床家として、現場でAT学生を育成する実習指導員として、そしてAT教育プログラムの臨床助教授・臨床教育コーディネーターとして…いくつもの異なった角度や立場からATという職業に関わってくる機会に恵まれてきました。こうして見えてきたさまざまなことをこの著述を通じて皆さんと共有していきたいと思ってます。

激動のアメリカAT界

　アメリカのATと言えば相当確立されている、という印象をお持ちの方もいらっしゃるかもしれませんが、実際はまだまだ思春期の中学生のようなものです。面白いことに、こちらでは多くのATが「我々はいったい何者なんだ？」というアイデンティティークライシスの真っ只中におり、過去数年にもわたって「ATという職業名を変えるべきか」という大議論が業界全体を巻き込んで行われたりもしていたのです。その長い議論に終止符を打つように、2013年に全米アスレティックトレーナーズ協会（NATA）が「職業名は変更しない」と公式声明を発表、[1] 同時に新たな協会ロゴを発表し、ATの地位をこれからも確固として築き、推進していくことを宣言しました。[1] 時期をほぼ同じくして、全米AT教

育認定機関であるCAATEもカリキュラムの教育必須事項である「教育スタンダード」を第四版から第五版へと改定。[2] その結果、近年のAT学生が学んでいる内容は私が学生だった10年ほど前と比べて格段にレベルが上がっています。現在の全米認定AT教育プログラムで何が重視され、ATという職業はどこへ向かおうとしているのか…これについてはさらに詳しく後述します。

ともあれ、こういった度重なる改革による激動の中で、ATという職業が思春期を迎え、米国内でメキメキと成長しつつあるのは紛れもない事実です。「ATはフィットネスやトレーニングのプロであるパーソナルトレーナーやストレングスコーチらとは区別されるべきスポーツ医学の専門家である」という認識は、メディアにも広まり、最近ではテレビや雑誌などでもきちんと「アスレティックトレーナー」と正しく表記してもらえることが増えました。[3] 他にも、2005年に42％だった全米高校でのAT雇用率は2015年には70％に増加。[4] 米国労働統計局の発表[5]でもATの雇用機会は2024年までにさらに20％増大するであろうと予測されており、これに応えるようにATの平均給与もグングンと上昇傾向にあります。[6]

学士から修士へ

さて、AT教育界に特化して言えば、ここ1年で起こった最も大きな変化はなんと言っても学位の移行です。ATを目指す学生が認定試験の受験資格を得るには、全米で約360校にある認定プログラムを修了することが義務づけられていますが、今まではそのほとんど、90％以上が学士レベルでした。[7] しかし2015年の5月、AT戦略的アライアンス（NATA、CAATE、BOC、NATA Foundationの4団体が戦略的に結んだ提携同盟。CAATEは、Commission on Accreditation of Athletic Training Educationで、アスレティックトレーナー資格の認定教育組織。BOCは、Board of certificationで、資格認定委員会）が、「これからATの受験資格を得るには認定の修士プログラムの修了を必須とする。学位の移行には7年の猶予期間を与えるので、2022年の秋学期をもって学生レベルのAT学生受け入れを終了するように」と全米の認定プログラ

ムに通達。[8] ここに至るまでにはさまざまな話し合いや活発な討論があり、賛成派が過半数をわずかに超えながらも世論はほぼ半分に分かれていた印象でした。これを押し切っての「もう移るからね！」という今回の発表だったわけです。

　戦略同盟が一見強引とも取れるような決断をした背景には、職業全体としての危機感、そして、他の医療従事職との足並みを揃えようという意図が最も大きかったのでは、と私は推測しています。たとえば現在アメリカでは医師（MD）、カイロプラクター（DC）、理学療法士（DPT）などの医療資格取得には博士、作業療法士（DOT・MOT）になるには博士か修士レベルの教育プログラム修了が義務づけられており、学士または修士が求められるATが「教育のレベルが低い」と下に見られてしまっても言い訳はできない環境がありました。医療界でもっと正しく認識、尊敬される存在になろうと思うならば、他の皆が学位を引き上げている流れに乗って、置いていかれないように我々も！　という焦燥感が生まれるのは至極当然かもしれません。

考えられる利点

　それはどちらかと言うと受動的な理由であって、あまりポジティブなものではないんじゃないのと、怪訝な顔をされる方もいることでしょう。ごもっともです。しかし、もちろん必須学位を修士レベルに設定し直すことで、我々に返ってくる直接的利点もあります。まず、教育者としてありがたいと感じるのは、修士レベルのほうが学生がよりATに集中できる環境があること。一般教養に時間やエネルギーを取られることなく、専門の勉強にどっぷりと浸かれるなんて、実に羨ましいです。加えて、大学院に受かって修士プログラムに所属するにはより高い学力のハードル（GPAやGRE試験の得点など）も越えることが最低条件となります。基礎知識、コミュニケーション能力、文章構成力などが一定ラインを越えており、勉強する習慣がそれなりにある子たちが集まるのも、ひとつレベルの高い学びを実践できる一要素となるのではないでしょうか。

　今の学士プログラムでは高校卒業したての子たちが学術論文の書き方

やテスト勉強の仕方を知らないまま大学へやって来ることもあり、私が専門外の指導に時間を取られることも少なくありません。教授陣が専門分野の指導に没頭できる環境、という意味でも、修士のほうが需要と供給の矢印がうまく向き合っているのではと思います。実際、昨年の全米認定試験（BOC Exam）でも、学士の受験者の初回受験時合格率が78％だったのに対して、修士の合格率はなんと95％。[9] 学力が一回り上なのが明らかになっています。

学習の質の変化や向上も、もちろんあります。これから世に出るATがよりよいエビデンスの消費者になれるよう、論文の読解をしつこくしつこく繰り返し、得た情報を実際どう臨床の現場に活かせるか想像力を膨らませる練習をすること。そして、消費者としてだけではなく、生み出す側になる論文のパブリッシュや学会での発表の機会も設けられること。修士プログラムだからこそ、より高度な学習が実現できるのは私としても楽しみで仕方ありません。

さらに、各大学院が少しばかり自分たちならではの特色をつくれる、というのもATのこれからの可能性を探っていくのにはピッタリです。たとえば、あそこの修士プログラムはEMT（救急救命士）の認定も一緒に取れて、点滴まで打てるようになるとか、こっちのプログラムは縫合の授業も履修できるとか…。それぞれのプログラムが、他の大学とは違う「何か」を売り出すために色を持たせてくるはずなので、学生が自分の将来の武器を選べる、という新たなワクワクも生まれます。

心の準備という一面も言及しておきたいと思います。残念なことに、現在の学士レベルの3年超のプログラムでは、その厳しさからついてこれなくなってプログラムから除籍されたり、「やっぱりやりたいことはこれじゃなかった」と言って専攻を変える学生が、どうしても少数名出てしまいます。それ自体を悪いとは思いませんが、進路変更をするならば早いに越したことはないでしょう。この時間とエネルギーを、残っている子たちにもっと使えていたら、と私自身思うことがないわけでもありません。年齢が必然的に上がり、より年月をかけて熟考し、それでもATを勉強したいという決意の固い学生たちが集まってくることによって、気持ちのうえでも学生がよりしっかりとした準備ができた状態で来てくれるのは、その後の生産性の向上にもつながります。統計として

も、修士レベルの学生は、学士の学生よりもプログラムをきちんと最後まで修了して卒業する確率が高く（88.7±9.0％ vs 81.0±17.9％）、そして卒業後も希望の仕事に就くことが多いと報告されています（88.8±10.68％ vs 71.32±18.47％）。[10] 学位の移行はAT界が長年抱えている若い世代の離職率の高さ[11] の問題も、解決に導いてくれるかもしれません。

デメリットも

　残念ながらよいことばかりではありません。デメリットも数点あります。まず、留学を考えている日本人学生は、ATがこれからますます狭き門になるということを覚悟しておいたほうがよいでしょう。従来受験しなければいけなかったTOEFLもその必須点が上がったり、新たにGREの受験も必要になってくるかもしれません。プログラムによって必要事項は異なりますので、各大学・大学院のadmission officeに確認してください。加えて、現存の学士プログラムが全て修士に移行するとは思えないので、受け入れ学生の絶対数も大幅に減少することが見込まれます。数の正確な予想はできませんが、実際に移行するのは半分くらいなのではないでしょうか。私の大学も実は今、移行の真っ最中なのですが、お金も人材も労力も時間も、いやホントにいろいろかかるんです。余裕がないが故、消滅していくプログラムも多くあるでしょう。

　授業料も、修士のそれは学士よりも高いですし、学校に通う期間がどうしても延びるわけですから、結果、出費はかさみますよね。今までの学士4年間に比べ、学士4年＋修士2年と、2年間余計に大学に通う分、経済的負担は大きくなります。この解決策というか、間を取った提案として3-2 modelと呼ばれる学士3年＋修士2年の学位取得モデルもいくつかの大学で採用されるかとは思いますが、金銭面の全ての負担を打ち消せるほどの代案にはならないでしょう。私の時代はGraduate Assistant（GA、大学院助手）として雇われながら大学院に通うのが当たり前で、私も例に漏れず、高校のATとして働く代わりに、授業料のほうは大学に全額免除してもらったばかりか、さらにそのうえお給料までいただきながら修士の学位を取ることができました。あれが本当に学

業に専念できる環境だったか、と問われればお世辞にも首を縦に振ることはできません。仕事は本当に毎日とても忙しく、満足に勉強する暇がありませんでした。渡米以来、最も勉強できていなかった2年間かもしれません。それでもあれだけの金銭的サポートを受けられなかったら、親のスネをもっともっと齧っていたんだろうなぁと考えてしまいます。

　これらのデメリットを合わせると、修士レベルのATプログラムでは経済的に余裕のある富裕層の学生が進学しやすいデザインになっており、より学生の一極化が進むのでは、という懸念も囁かれています。アメリカ社会が推奨するdiversity[12]（ダイバーシティー、多様性。人種、性別、宗教、年齢、セクシュアリティーなどさまざまな文化的背景のある人たちが集うこと）とは正反対になってしまいやしないかと…。もともとATという職業は80％以上が白人と偏りが激しい分、[13] さまざまな環境で育ってきた人材が学べる環境が理想ではあるとは思うのですが…。そのうちマイノリティーの学生を対象にした奨学金など、多く出てくるかもしれませんね。

GA制度からResidency（研修生）制度へ

　ひとつはっきりしていることは、学位の移行に伴い、従来の修士レベルのGA制度はあと数年でほぼ完全に姿を消すことでしょう。では、「仕事をしながらお金をもらって勉強できる、学生と社会人の中間」という夢のようなモラトリアム期間はもう手に入らなくなってしまうのか？そうではありません。これからはDAT（Doctor of Athletic Training）と呼ばれる臨床学位（clinical degreeはアメリカではacademic degreeとは区別され、研究を世に出すことよりは臨床的知識と技術の向上に重きを置いた教育プログラム構成）やResidency Programが台頭して、その数を増やしてくるはずです。現在認定されているのはそれぞれ2校と4病院のみ[7,14]ですが、認定許可を申請中の大学や病院・クリニックは多くあります。臨床学位制と研修生制度の違いは、前者は学生が自分の現場の仕事を続けながら（収入を得ながら各自学費を賄って勉強）、基本的にはオンラインで勉強（夜中など自分のスケジュールに合う時間を学生が選べる）、短期で夏などに集中した現地授業があるというところと、

後者は母体となる組織が現場での研修も授業も用意してくれており、仕事や授業の時間は組織によって決められてしまっているものの（フレキシビリティはなし）、研修生はその全てにお給料をもらって参加できるところでしょうか。プログラム修了時には、前者は学位が、後者は修了証が授与されるのも相違点のひとつです。

　それぞれのプログラムには特徴があり、たとえばResidency Programの4病院を比べてみても、2つは整形外科外傷の評価・診断、[15,16] もう1つは治療・予防、[17] 最後の1つは解剖学と医師とのコラボレーションなど、[18]「ウチに来たらこれが学べる！」という分野があります。現場での診断力に専門性を持つAT、救急対応に優れたAT、スポーツリハビリに特化したAT…。アメリカのMDやPTに「アドバンス専門試験制度」があるように、AT界も「広く浅めな何でも屋」から広いだけでなく専門性も兼ね備えた「スーパー何でも屋」の輩出へとギアを切り替え、これからも成長し続けていこうとしています。

　ATが働きながら学び、さまざまな専門性をもっと伸ばしていく機会はこれから勢いを増して増えていくと思われます。唯一の日本人にとっての問題はビザです。臨床学位はオンラインの授業を主体にしたものが多いのと、Residency Programはフルタイムの仕事としてはみなされない、もしくは給与が最低給与を下回るので、それぞれ学生ビザ、就労ビザの基準を満たさないケースが多そうです。これも各学校や団体に事前に各自確認する必要があります。

　すでに決定した修士移行に対して、アレがコレがと文句を言うのは簡単ですが、戦略同盟も、教育者も学生も、現場で働くATも「ATの地位向上と知識・技術の拡大」という同じ目標を目指しているのだということを忘れてはいけません。今回の勇断はATという職業をこれからますます発展させていくためのなくてはならない教育構造改革であり、今までATが培ってきた土台を否定したり無駄にするようなものではありません。それどころか、より多くの人間の手に届くように教育の場を広げ、学び続け、成長し続け、変化し続けることを推奨するものだと、私は非常に好意的に受け止めています。

[参考文献]

1) NATA: New Director, New Office, New Logo! Int J Athl Ther Trai. 2013; 18 (4): 39.

2) CAATE. Commission on Accreditation of Athletic Training Education. Athletic Training Education Competencies 5th Edition. http://caate.net/wp-content/uploads/2014/06/5th-Edition-Competencies.pdf. Updated June, 2014. Accessed April 1, 2016.

3) Breazile M. Victory: Athletic Trainer in AP Stylebook. Board of Certification for the Athletic Trainer. http://www.bocatc.org/blog/uncategorized/victory-athletic-trainer-in-ap-stylebook/. Published February 27, 2013. Accessed April 1, 2016.

4) Pryor RR, Casa DJ, Vandermark LW, et al. Athletic training services in public secondary schools: a benchmark study. J Athl Train. 2015; 50(2): 156-162. doi: http://dx.doi.org/10.4085/1062-6050-50.2.03.

5) U.S. Department of Labor. Bureau of Labor Statistics. Athletic Trainers and Exercise Physiologists, Occupational Outlook Handbook, 2014-15 Edition. No Date. Available at www.bls.gov/ooh/healthcare/athletic-trainers-and-exercise-physiologists.htm, Accessed April 1 2016.

6) U.S. Department of Labor. Bureau of Labor Statistics. Occupational Employment and Wages: Athletic Trainers. http://www.bls.gov/oes/current/oes299091.htm. Accessed on April 1, 2016.

7) CAATE. Commission on Accreditation of Athletic Training Education. Search for programs (Data File). http://caate.net/find-programs/. Accessed on April 1, 2016.

8) CAATE. Commission on Accreditation of Athletic Training Education. Official Announcement from the AT Strategic Alliance Regarding the Professional Degree. http://caate.net/?s=Official+Announcement+from+the+AT+Strategic+Alliance+Regarding+the+Professional+Degree. Published May 20, 2015. Accessed April 1, 2016.

9) CAATE. Commission on Accreditation of Athletic Training Education. Program outcomes. http://caate.net/program-outcomes/. Accessed April 1, 2016.

10) Bowman TG, Mazerolle SM, Pitney WA, Dodge TM, Hertel J. Student-retention and career-placement rates between bachelor's and master's degree professional athletic training programs. J Athl Train. 2015; 50 (9). 952-957.

11) Kahanov L, Eberman LE. Age, sex, and setting factors and labor force in athletic training. J Athl Train. 2011; 46 (4): 424-430.

12) Perrin DH. Promoting diversity in athletic training. J Athl Train. 2000;

35 (2): 131.

13) National Athletic Trainers' Association. April 2015 Ethnicity Demographics. http://www.nata.org/sites/default/files/Ethnicity-Demographics.pdf. Accessed February 19, 2016.

14) National Athletic Trainers' Association. Athletic Training Doctoral Programs. https://www.nata.org/become-athletic-trainer/athletic-training/education-overview/doctoral-programs. Accessed April 1, 2016.

15) Emory University School of Medicine. Certified Athletic Trainer Residency. http://ortho.emory.edu/education/fellowship/athletic-trainer.html. Accessed April 1, 2016.

16) St Luke's. Athletic Training Residency Program. https://www.stlukesonline.org/health-services/specialties/programs/st-lukes-sports-medicine-program/athletic-training-residency-program. Accessed April 1, 2016.

17) Texas Health Ben Hogan Sports Medicine. Athletic Training Residency. https://www.texashealth.org/sports-medicine/Pages/Residency-Programs/Athletic-Training-Residency.aspx. Accessed April 1, 2016.

18) New Hampshire Musculoskeletal Institute. About Our Residency. http://www.nhmi.net/residents.html. Accessed April 1, 2016.

エビデンスに基づいた、の意味するものとは
実は自然に実践しているEBP

　パラダイムシフト、という言葉があります。パラダイムは「物の見方や捉え方」、シフトは「変化」を指すので、組み合わせると「今まで当たり前と考えられていた思想が根底から引っ繰り返され、新たな価値観が生まれ出ること」を意味します。エビデンスに基づく医療（Evidence-Based Medicine、以下EBM）[1]という概念はまさに医療界のパラダイムシフトの象徴的なシンボル。エビデンスとは、専門家による科学的な実験によって検証・実証された現象のことを指し、事例証拠や非科学的な説とは区別されます。この言葉は後にエビデンスに基づく実践（Evidence-Based Practice、以下EBP）[2,3]へとその表現を変え、医療のみでなくフィットネスやストレングスの専門家、さらには教育界[4]や司法・行政界[5]でも幅広く使われるようになりました。

「なんとなくよいもの」から「確かなよいもの」へ

　EBM・EBPが出てきた背景には、医療従事者が「ほら、これ効いたでしょ？　よくなったでしょ？」と患者を言い包めるような医療でも、患者が「コレが効くような気がするから」と言う主観的な意見に基づいた医療でもなく、きちんと研究によって実証された科学的な根拠があり、一貫性と再現性を伴う、より確実な結果を出せる医療を提供していこう、という医療従事者の凝縮された想いが根底にあります。確かな医療を患者へ届けよう、というこのコンセプトは医師の間で1990年代後半に強く叫ばれるようになり、[1,6]それが2000年に入ってから看護師、[7]理学療法士ら[8]の間へと徐々に広まり、少し遅れてアスレティックトレー

ナー（AT）[2,3,9]がその流れに乗った印象です。

　私自身、EBPという言葉を最初に耳にしたのは2007年に修士号取得のために進学した大学院でのことでした。当時EBPという言葉がAT界で使われ始めたばかりだったので、私がきちんと基礎からそれを学ぶ機会を持てたのは、今振り返れば本当に幸運なことです。その頃は価値がよくわからず、「なんだか面倒くさいものが出てきたな」と言われるがままに学んでいましたが、あの経験と知識がなければ、私も今頃教育者にはなっていなかったことでしょう。それから10年弱——2016年現在、EBPはすっかりATの臨床・教育のメインストリームになっており、全米認定ATの資格維持のための必須継続教育単位（米国では医療系各資格において、適切な知識のアップデートを行っている証拠として「何時間分の教育を受けた」という証拠の提出義務が存在し、怠れば資格は剥奪されます）は「1年で25単位（25時間）」と定められていますが、「そのうち5単位分はEBP認定を受けた講習から得なければならない」と一昨年から新たに注意書きが加わったほどです。[10] CAATE認定のアスレティックトレーニング教育プログラム[11]でもEBPに特化した必修項目が数多くあり、現在のAT学生は各授業でEBPをどう臨床に活かすかを繰り返し練習しています。

EBPの真髄となる三本柱

　では、その肝心のEBPとは、一体全体なんでしょうか。エビデンスに基づく医療を正しく理解するうえで、欠かせない柱は3つあります。[6,8]ここではわかりやすく、医療とは全く関係のない例を出して説明したいと思います。

　たとえば、あなたがそろそろパソコンを買い換えなければ、と考えていたとしましょう。パソコンは、決して安い買い物ではありません。それなりのお金をかけて買い、さらにこれから数年かけて使うものであるとすれば、消費者として、あなたが自分にとって最善のパソコンを手に入れたい、と思うのは当然のことですよね。ではどのようにすれば「あなたにとっての最善のパソコン」に辿り着けるのでしょうか？

　ここで真っ先に必要なのが「手に入り得る最善のエビデンス」、つま

りデータです。今、世の中にどんなパソコンが出回っていて、どんなものがそもそも選択肢として存在するのか、という情報を得る必要があります。消費者がこうした情報を得ようと思ったら、たとえば各メーカーのウェブサイトを見てみるとか、家電量販店へ出かけてパンフレットを取ってくるとか、いくつか方法はあります。問題は、あなたが私のような電子機器オンチだった場合、処理速度がいくつとか、画素がどうだとか、メモリが何ギガだと言われても、何がなにやらさっぱり意味がわからないというところにあります。ズブの素人にはこういった専門用語は非常にわかりにくく、「実際のところ、使ってみたらどうなの？」というところまでイメージできないことが多いのです。

　そんなときに役に立つのが「専門家の知識とアドバイス」。たとえばパソコンギーク（詳しい人）の友人や、家電量販店の店員さんが「映画をオンラインで毎月５〜10本観るんでなければこれくらいの処理能力で十分足りますよ」と専門用語を我々にもわかるように噛み砕いて通訳・説明してくれたり、「この製品はこう銘打ってるけれど、実は使ってみるとこういう不便な部分がありましてね」という実用性のある裏情報を教えてくれたりするのは、実にありがたいことです。彼らには何百・何千時間とパソコンと触れ合って培ってきた専門性の高い知識があるからこそ、見えているものがある。専門家とは、我々消費者が理解しきれないデータと現場をつなげてくれる貴重な存在なのです。

　そして忘れてはいけないのが、あなた自身が消費者としてどんなパソコンが欲しいと思っているかということ。「あなた自身の価値観とニーズ」を知らずに、あなたにとっての最善のパソコンはとても選べません。「お金がないから、とにかく安くて最低限の機能があればそれで十分」と言う人もいれば、「出張や移動が多いから、軽くて薄くて持ち運びに便利なタイプがいいなぁ」と言う意見もあるでしょうし、「リンゴ印の製品以外はあり得ない！」と断固たる好みを持った方もいるでしょう。どれがよい悪いということはありません。それぞれの消費者に一人ひとり異なるユニークなニーズがあり、それぞれにとっての理想のパソコンは異なる、というそれだけのことなのです。最終的にはあなたのお財布から出るお金、あなた自身がこれから使っていくパソコンです。最終的に何を買うか、という決定権は消費者であるあなたにあります。

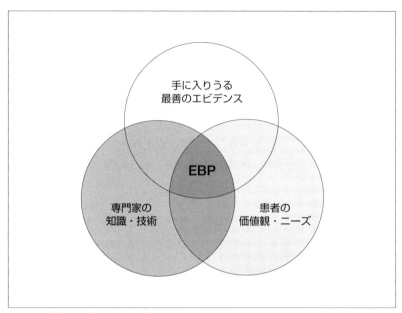

図2-1 「エビデンスに基づく実践」を支える三本柱

　「最新のエビデンス」「専門家の知識と経験」「消費者の価値観とニーズ」…あなたにとっての「最善のパソコン」は、これらの三要素を混ぜ合わせた、最もバランスのとれたところにあるはずです（図2-1）。勘のよい皆さんならもうおわかりかもしれませんが、患者にとって最善の医療を決めていくうえで考慮すべき3つのポイントも、これと全く同じです。変わるのは、「消費者」だったあなたが医療を提供する「専門家」の立場に変わるということ。そして、今度はあなたが患者に「この医療に何を求めていますか？」「このケガ（病気）から回復したらどんなことができるようになりたいと思っていますか？」と明確な意図を持って聞き出し、「それでは、そこへ向かうためにはこういう選択肢がありますね」と専門的知識と技術を持って手段を提示するという大事な役目を担う、ということです。我々医療従事者は、一般の患者が見聞きし慣れないデータを誰もがわかりやすい言葉に変えて伝え、患者の持つ疑問、質問に答え、患者を目標に向かって導く、エビデンスと現場をつなぐ重要な架け橋となるべき存在なのです。

独り歩きした、「EBP」という言葉

　なんだ、エビデンスとかって仰々しい言葉を使っておいて、別に大したことじゃないじゃないか。そんなことくらい、私だってずっとやってきてますよ、と思った方、その通りです。EBPは「目の前の患者に、最善を尽くす」という、本当にシンプルなことを述べているだけなのです。難しく考えずとも、現場で働く多くの方が普段から自然に実践していることです。

　実に興味深いのですが、私のようにアメリカはテキサスの片田舎で仕事をしていると、もうこの職業を10年、20年とやっているようなベテランのATの方や、そして意外と若いATさんが「EBP」という言葉に派手な拒否反応を示すのを見る機会が少なくありません。エビデンスのエの字も聞こうものなら、「やだよ、やらないよ、論文なんか読んでる暇はこちとらないんだから！」「今までやってきたことで十分仕事が成り立っていたんだから、どうして今さらあれやれ、これやれと言われなきゃならないのさ！」という調子です。

　私なりに分析すると、そういった方は単純に見知らぬ概念の出現を脅威に思い、とても使いこなせないものなのではないか、これを認めたら置いていかれてしまうのではないか、という不安が少なからずあるのではと思うのです。今まで自分が長年かけて培ってきた尊敬や威厳が、エビデンスという正体不明なものによって綺麗さっぱり一掃されてしまうのでは、という焦燥感もあるかもしれません。そういう方に、私がニッコリ魔法のように唱える言葉があります。「EBPはあなたから臨床家としての権限を奪うようなものではありません。逆に、あなたが日々実践している医療に深みを与えてくれる調味料のような道具なんですよ。使いこなせれば、とっても楽しいです。せっかくだから、いい機会かもと思ってちょっと学んでみませんか？」

真のEBPとは

　もし「論文に書いてあることをそのままやらなきゃいけないんだ」と思っている方がいるとしたら、それはエビデンスに頼った（Evidence-

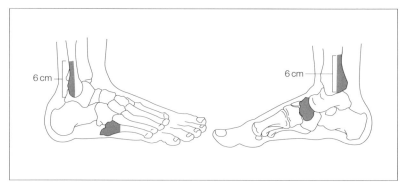

図2-2　オタワ足関節ルール

dependant）医療なのであって、エビデンスに基づいた（Evidence-based）医療ではありません。

　よく、「EBPはレシピ本じゃない」と言われたりもしますが、[6,9] 論文や研究結果はあくまでどんな選択肢がこの世に存在し、それぞれにどんな長所と短所があるのかを示してくれる「データ群」であり、それをどう使うかは「専門家」自身の知識、技術、哲学にかかっています。そして、EBPの中心に置かれるべきは、三本柱の中で軽視されることがひょっとすると一番多いかもしれない「患者の価値観とニーズ」。先のパソコンの例でも、あなた自身がパソコンにどんな理想や用途を求めているかというのは実は最も大事な要素だったでしょう？　医療も同じです。同じケガを抱えた2人の患者でも、プロスポーツのトライアウトに合格したい、と思っている大学の野球選手と、孫をこの腕に不自由なく抱きたい、と思っているおじいちゃんとを全く同じように治療・リハビリしてしまうのは最善の医療とは呼べません。「このケガ・病気の患者はいつでもこういう風に治療されるべきだ」と決めつけるのではなく、こういったデータが存在する中で、この人にとって最も合った方法とはこれではないか、と患者とともに決めていくことこそが、真のEBPなのです。

　それでは、実践的な医療例をひとつ挙げてみましょう。とある病院の救急外来に、足首の外傷を負った患者が来たとします。どうやら派手に捻って傷めたようで、10段階で8というかなり高い痛みを訴えていま

す。普通であれば、「それだけの痛みがあるならレントゲンを撮って骨折がないか確認しましょう」と言いたくなるところです。しかし、エビデンスを知っている人間であれば、[1] 急性の足関節のケガで救急にかかる患者のわずか13％未満が実際に骨折を起こしており、ほとんど（＞87％）の場合、損傷は軟部組織によるものである、ということ、[12,13,2] オタワ足関節ルール（図2-2）というクリニカルプリディクションルールを用い、「外果、内果、第5中足骨底部、舟状骨の触診時に圧痛がない」かつ「受傷直後、もしくは現在、自らの力で、足を引きずりながらでも4歩以上歩行することが可能である」という両条件が患者に当てはまることが確認できれば、[14,3] 目の前の患者が実際に骨折を起こしている可能性は約1％にまで減少する、つまり、この患者にレントゲンは99％必要ないであろう、ということがわかるのです。[15] 実際に、アメリカでは多くの病院がこのオタワ足関節ルールを採用し、不要なレントゲンにかかるコストを約35％カット、16年間にして2000万から1億円近い医療経費の削減に成功しています。[17] もちろんコストのみでなく、医療の質の向上と均等化、時間の削減、その分重病・傷患者に人材を費やすことができる効果的なトリアージの実践など、その他のさまざまな面でもオタワ足関節ルールを採用するメリットが報告されています。[18]

　改めて強調しておきたいのは「オタワ足関節ルールが陰性の場合、レントゲンは撮るべきではない」というところで思考を止めてしまってはEvidence-dependant practice止まりだということ。エビデンスに振り回されている、と言っても過言ではないかもしれません。なぜなら、ここまでは、三本柱のひとつ「エビデンス」しかまだ考慮に入れていないからです。これを、自らの経験も活かしつつ患者にわかる言葉で説明し、「あなたの症状とこのテストの結果から判断するに、骨折の可能性は1％くらいと疑われます。靱帯などの軟部組織の損傷の可能性のほうが高いことから、レントゲンを撮る必要はなさそうです。骨折だと内出血を伴う腫れがすぐに出ることが多いのですが、あなたの足には今のところそれも認められません。レントゲンには少量とはいえ放射線も使いますし、お金もかかりますから…メリットがデメリットを上回らないというのが正直な印象です。ここまでは、どう思いますか？　何か不明な点や質問はありませんか？」と尋ね、第2と第3の要素を最終判断に向けて

取り入れていく必要があります。

　患者が「わかりました、私もあなたの判断に賛成です」とエビデンスと専門家の意見にすんなりと同意してくれる場合、それほど判断は難しくないかもしれませんが、「私はどうしてもこうしたい」と自らの価値観を強く主張する患者だったらどうでしょうか。あなたが誠心誠意の説明をしても、それでも患者が「どうしてもレントゲン結果を見ないと納得できない、是非撮ってください」と言われたら？　図2-1の「EBP」の部分をもう一度よく見てください。3要素の交わる、その中心点がいつも正解とは限りません。「それほどあなたにとって意味があるのであれば、そうしましょう」とまず不要とわかっているレントゲンを敢えて撮るような患者寄りの判断を「最善」とすることもあるでしょうし、それもまた、我々が胸を張ってEBPと呼んでもよいものなのです。もちろん、「いや、ここはプロとして譲れない」という、エビデンス寄りの回答をせざるを得ないこともあるでしょう（例：脳振盪受傷後の競技復帰など）。場合によっては、エビデンスがまだ出ていない治療法や評価法について「研究ではまだ実証されてはいませんが、こういった効果があるのではと言われています。考えられるメリット、デメリットはこんなものがありますが、試してみたいと思いますか？」と問いかけるのも十分にEBPと言えます。何をもって最善の医療とするかは、ケースバイケース。あなたがあなた自身の頭脳をフル回転させて全ての要素を混ぜ合わせ、その最もバランスのとれたところを掬い取るのです。

EBPの実践へ、我々ができなければならないこと

　アメリカで現在多い現場の声が、「EBPが大事なのはわかるけれど、それを現場でどう使うべきなのか実践の仕方がわからない」[19-22]「文献へのアクセス権がない、探し方がわからない、時間がない」などの、リソース不足への嘆きです。[21-24] しかし、現在は無料で誰もがアクセスできる文献も多いですし、日中のセミナーに参加しづらいと言う人のためにオンラインで受講できる講習も増えてきています。[25] それに、仮に思い切って職場と折り合いをつけて仕事を休み、エビデンスについて学ぶような講習に参加したとしても、その結果あなたの臨床の効率が上がり、

もとを取るだけの金銭的・時間的な見返りがあれば、それは十分に価値のある投資と言えるのではないでしょうか？　学んだことを職場の同僚や上司とシェアすれば、あなたが中心となって学びの輪をさらに広げていけるかもしれません。ジャーナルクラブのような勉強会をつくって、定期的に有益な情報をシェアし合うのもいいですね。工夫の仕方は、無限大にあります。

　「難しそう」とそれでも躊躇する方もいますが、文献の探し方、解釈の仕方と現場への応用の仕方は、適切な教育と意欲さえあれば誰もが学べる技術です。[24,25) 現に、現役のAT学生らは実習の中で出てきた疑問について、関連文献を見つける→論文を読み、批判的に分析する→その結果を臨床にどう応用できるか考える、という練習を繰り返し行っているため、日々の実践にエビデンスを自然に混ぜ込む能力が高いです。[26) たとえばうちの学生に、私が教科書を広げ、「このスペシャルテストは現場でどういう価値を持つ？」と聞けば、「特異度が高いので確定には有効ですが、感度が低いので陰性の場合は除外にはそれほど確信を持てませんね」という、どんぴしゃな答えが返ってくることでしょう。うちの学生が秀才の集まりなんじゃないかって？　いえいえ、お世辞にも私の大学は賢い部類とは言えません。EBPを学ぶのに、特別な学位や経験は必要ないのです。少しコツを学べばよいだけ。近年は現役学生はもちろん、すでに資格を有した医療従事者を対象とした学びの場も徐々に増えています。アメリカのみならず、日本でもEBP講習が各地で開催されています。興味を持った方がいたら、是非どんなものがあるのか調べてみていただければ幸いです。

［参考文献］

1) Evidence-Based Medicine Working Group. Evidence-based medicine. A new approach to teaching the practice of medicine. JAMA. 1992; 268 (17): 2420-2425.

2) Snyder AR, Parsons JT, Valovich McLeod TC, Curtis Bay R, Michener LA, Sauers EL. Using disablement models and clinical outcomes assessment to enable evidence-based athletic training practice, part I: disablement models. J Athl Train. 2008; 43 (4): 428-436. doi: 10.4085/1062-6050-43.4.428.

3) Valovich McLeod TC, Snyder AR, Parsons JT, Curtis Bay R, Michener LA, Sauers EL. Using disablement models and clinical outcomes assessment to enable evidence-based athletic training practice, part II: clinical outcomes assessment. J Athl Train. 2008; 43 (4): 437-445. doi: 10.4085/1062-6050-43.4.437.

4) Pirrie A. Evidence-based practice in education: the best medicine? Br J Educ Stud. 2001; 49 (2): 124-136. Doi: 10.1111/1467-8527.t01-1-00167.

5) VanNostrand M, Crime and Justice Institute. Legal and evidence-based practice: application of legal principles, laws, and research to the field of pretrial services. U.S. Department of Justice, National Institute of Corrections. https://s3.amazonaws.com/static.nicic.gov/Library/023359.pdf. April, 2007. Accessed April 18, 2016.

6) Sackett DL, Rosenberg WM, Gray JA, Haynes RB, Richardson WS. Evidence based medicine: what it is and what it isn't. BMJ. 1996; 312: 71-72. doi: http://dx.doi.org/10.1136/bmj.312.7023.71.

7) Youngblut JM, Brooten D. Evidence-based nursing practice: why is it important? AACN Clin Issues. 2001; 12 (4): 468-476.

8) Maher CG, Sherrington C, Elkins M, Herbert RD, Moseley AM. Challenges for evidence-based physical therapy: accessing and interpreting high-quality evidence on therapy. Phys Ther. 2004; 84 (7): 644-654.

9) Steves R, Hootman JM. Evidence-based medicine: what is it and how does it apply to athletic training? J Athl Train. 2004; 39 (1): 83-87.

10) Board of Certification for the Athletic Trainer. Certification Maintenance Requirements: Continuing Education. http://www.bocatc.org/ats/maintain-certification/continuing-education. Accessed April 18, 2016.

11) CAATE. Commission on Accreditation of Athletic Training Education. Athletic Training Education Competencies 5th Edition. http://caate.net/wp-content/uploads/2014/06/5th-Edition-Competencies.pdf. Updated June, 2014. Accessed April 1, 2016.

12) Brooks SC, Potter BT, Rainey JB. Inversion injuries of the ankle: clinical assessment and radiographic review. Br Med J. 1981; 282 (6264): 607-608.

13) Sujitkumar P, Hadfield JM, Yates DW. Sprain or fracture? An analysis of 2000 ankle injuries. Arch Emerg Med. 1986; 3 (2): 101-106.

14) Stiell IG, Greenberg GH, McKnight RD, Nair RC, McDowell I, Worthington JR. A study to develop clinical decision rules for the use of radiography in acute ankle injuries. Ann Emerg Med. 1992; 21 (4): 384-390.

15) Bachmann LM, Kolb E, Koller MT, Steurer J, ter Riet G. Accuracy of

ottawa ankle rules to exclude fractures of the ankle and mid-foot: systematic review. BMJ. 2003; 326 (7386): 417-423.

16) Leddy JJ, Kesari A, Smolinski RJ. Implementation of the Ottawa ankle rule in a university sports medicine center. Med Sci Sports Exerc. 2002; 34(1): 57-62.

17) Nugent P. J. Ottawa Ankle Rules accurately assess injuries and reduce reliance on radiographs. J Fam Pract. 2004; 53 (10): 785–788

18) Northup RL, Tagan BG, Bell GW. The ottawa ankle rules and the "buffalo" rule, part 1: overview and background. Athl Ther Today. 2005; 10 (1): 56-59.

19) Hankemeier DA, Walter JM, McCarty CW, Newton EJ, Walker SE, Pribesh SL, Jamali BE, Manspeaker SA, Van Lunen BL. Use of evidence-based practice among athletic training educators, clinicians, and students, part 1: perceived importance, knowledge, and confidence. J Athl Train. 2013; 48 (3): 394-404. doi: 10.4085/1062-6050-48.2.16.

20) Keeley K, Walker SE, Hankemeier DA, Martin M, Cappaert TA. Athletic trainers' beliefs about and implementation of evidence-based practice. J Athl Train. 2016; 51 (1): 35-46. doi: 10.4085/1062-6050-51.2.11.

21) McCarty CW, Hankemeier DA, Walter JM, Newton EJ, Van Lunen BL. Use of evidence-based practice among athletic training educators, clinicians, and students, part 2: attitudes, beliefs, accessibility, and barriers. J Athl Train. 2013; 48 (3): 405-415. doi: 10.4085/1062-6050-48.2.19.

22) Hankemeier DA, Van Lunen BL. Perceptions of approved clinical instructors: barriers in the implementation of evidence-based practice. J Athl Train. 2013; 48 (3): 382-393. doi: 10.4085/1062-6050-48.1.18.

23) Manspeaker S, Van Lunen B. Overcoming barriers to implementation of evidence-based practice concepts in athletic training education: perceptions of select educators. Athl Train Educ J. 2011; 46 (5): 514-522.

24) Manspeaker SA, Van Lunen BL, Turocy PS, Pribesh S, Hankemeier D. Student knowledge, attitudes, and use of evidence-based concepts following an educational intervention. Athl Train Educ J. 2011; 6 (2): 88-98.

25) Welch CE, Van Lunen BL, Hankemeier DA, Wyant AL, Mutchler JM, Pitney WA, Hays DG. Perceived outcomes of web-based modules designed to enhance athletic trainers' knowledge of evidence-based practice. J Athl Train. 2014; 49 (2): 220-233. doi: 10.4085/1062-6050-49.2.14.

26) Welch CE, Hankemeier DA, Wyant AL, Hays DG, Pitney WA, Van Lunen BL. Future directions of evidence-based practice in athletic training: perceived strategies to enhance the use of evidence-based practice. J Athl Train. 2014; 49 (2): 234-244. doi:10.4085/1062-6050-49.2.15.

医療教育にも
ダイバーシティ(多様性)を
文化的知性と能力を兼ね備えた
アスレティックトレーナーになるには

多様性の中で

　文化的能力を備えた(culturally competent)人物、と聞いてあなたはどんな人を思い浮かべますか？　外国語が話せたり、海外生活経験がある人のことを指すのでしょうか？　いえいえ、必ずしもそういうことではないんです。1993年に米国保健福祉省が発表した声明によれば、[1]「文化的能力(cultural competence)」というのは以下のように定義づけられています。

Cultural competence is defined as a set of values, behaviors, attitudes, and practices within a system, organization, program or among individuals and which enables them to work effectively cross culturally.

　訳すと「組織や団体の中、または個人間において、人々が文化を超えてともに働き、協力し合えるような価値観、行動、姿勢、そして実践のこと」。日本語にしてみても、あまりセクシーな文章ではないですね。私なりにこれをもう少し艶のある文章に書き換えるならば、「相手の生まれ育った背景や文化を進んで学び、受け入れ、自らの価値観や人生へそれを反映させることができる能力」という表現はどうでしょうか。「あなたは私と全く同じように考え、行動しているはずだ」という思い込みを捨て、「さて、あなたはどういう方なのですか？」と偏見のない中立な立場から尋ね、「なるほどそうなのですね、では、こういう風に

一緒にやっていきませんか？」と提案、実践できる人のことを指すわけです。

　さて、この章ではこのコンセプトを医療の現場に応用し、「文化的能力を備えた医療従事者」という観点からお話していきたいと思います。アスレティックトレーニング（AT）の世界で初めて「Diversity（ダイバーシティ、多様性）」という言葉が学術ジャーナルに載ったのは16年前。当時『Journal of Athletic Training』の編集長だったPerrin氏[2]が「もっとこの業界にもダイバーシティを！」というコラムを書いたのが始まりでした。この記事でPerrin氏は、[1] アメリカにおけるATという職業は全米国民平均と比較しても白人の割合が多く（2015年時点で全米国民平均62.1％[3] に対して全米AT平均は80.84％[4]）、人種的偏りが強いこと、さらに、[2] 中でも女性の割合が半数以上（2015年時点で54.0％が女性）[4] なのに対して、スポーツの強豪大学やプロスポーツはまだまだ男性社会で、閉鎖的な業界であることを指摘しています。

　近年でこそNFL（National Football League）やMLB（Major League Baseball）への女性ATの進出が騒がれるようになりましたが、まだそれがいちいちニュースになるくらいには珍しい出来事である、というのもまた事実です。個人的な経験ですが、あるプロチームのATさんと個人的にお話をさせていただいたときに、「女性ATの雇用はなさらないのですか？」と尋ねたら、「どんなに優秀でどんなにプロフェッショナルでも、女性は面倒くさいからダメだよ」とさらりと返答され、心底悔しい思いをしたことがあります。性別や人種、民族、宗教、sexual orientation（セクシュアル・オリエンテーション、所謂性的指向）…そういった要素で雇用を制限するのはアメリカでは違法にあたるのですが、ATという狭き業界ではまだまだそれが暗黙の了解として横行しているのが現実です。

医療従事者と患者の意識のギャップ

　1章でも言及した通り、ATの学位が修士レベルに移行するのに付随して、この職業の一極化はさらに進行するのでは、という懸念もあります。学生が修士課程へ進むには、経済的に余裕があり、教育の価値を理

解している家庭のサポートがなければかなり厳しいからです。となれば、社会・経済的にも一定層以上のより似通った背景を持つ学生が業界に入ってくることになるでしょう。こうして「偏り続ける」我々医療従事者側と、「広がり続ける」患者側の多様性、そしてそれに起因する医療に対する意識や見解の差は、文化的な誤解や、無意識に生まれる偏見、そしてコミュニケーション・ミスなどとして、[5] 医療界で致命的とも言えるような欠陥となって我々の目の前に姿を現すことがあります。

　たとえば、私も患者の多様性に対応しきれず、アメリカの大学に勤務していたときに、こんな失敗をしたことがありました。

ケース1：風邪をひいたら…

　私の担当する選手が、「今日ちょっとお腹が痛い」とやって来ました。少しお腹を下しているようで、私に「スプライト（日本でも販売されている炭酸飲料）ある？」と聞いてきたのです。私はびっくりしてしまって、「お腹の調子が悪いのに炭酸なんて、何言ってるの！　室温のスポーツドリンクを持ってくるから、それでしっかり水分補給をしなさい」と少し語気を強めて怒ってしまいました。

　選手はどうして怒られたのかわからない、という様子でキョトンと私を見ていて、私も私で、そんな様子の選手を見て、なんでわからないのよ？　とまたキョトン。よくよく話してみると、アメリカではお腹を壊したときに色がついていない透明の炭酸（コーラではなく、スプライトや7upなど）を飲むのは、日本でおかゆを食べるのと同じくらい「当たり前」のことなんだそうです。

　日本とアメリカの「当たり前」の相違からくる小さな文化的誤解で、私は「なんて非常識な選手なんだ」、彼女は彼女で「さゆりって意地悪で嫌な人！」と危うく大きな問題を生むところでした。「ごめんね！　知らなかった、そうだったんだね！　勉強になったよ！」と謝ってスプライトをあげて、選手も翌日には調子がよくなってひと安心。

ケース 2：薬のアレルギー

　大学に来たばかりで、全身麻酔で親知らずを一気に 4 本抜くという、かなり手荒い治療を受けた 1 年生のとある選手（アメリカではこれも珍しいことではありません）。まだ意識朦朧としている選手を連れて薬局まで来て、待ち時間に電話で親御さんに「無事に抜歯が終わりました、今はペニシリンを受け取りに薬局へ来ています」と報告をしました。すると、「あのう、うちの子ペニシリン・アレルギーがあるのですが…」と言うお母さん。ギョッとして薬剤師さんに慌ててそれを伝え、他の抗生物質を貰って事なきを得ましたが、私が薬の名前を電話口で伝えていなかったらと考えると恐ろしい思いでした。

　数日して元気になった選手に「どうしてどの医療書類にもアレルギーのこと書かなかったの」と聞くと、ちょっと恥ずかしそうにモジモジして、「ペニシリンのスペルがわかんなくて」と言う選手。彼女にとっては「ペニシリンというスペルを聞く、あるいは調べる恥ずかしさ」のほうが「正確にアレルギーの有無を報告する重要さ」を上回っていた。そういう価値観を持つような年頃（18歳）であり、しかも、来たばかりの大学で右も左もわからず、次から次へとさまざまな書類を出され、適当にエイヤっと書いて出してしまったのでしょう。彼女の価値観を学ぼうとせず、「書類に書いてあることは全て正しいはずだ」と思い込んで口頭での確認を怠った私の責任で、大変なことになるところでした。

Cultural Competenceを兼ね備えた
医療従事者になるために

　どちらのケースも「信じられない、常識がないのは向こう」「私は悪くない」と開き直ることは簡単ですが、そんな態度のままでは、私はこれから出会う患者の力には、数パーセントしかなれないことでしょう。それぞれのケースで私が犯してしまった最大のミスは、私が重要だと思っていることは患者も重要だと思っているだろう、と決めつけて確認すらしなかったことにあります。

　たとえば、最初のケースならば、選手がスプライトがあるか聞いてき

29

たときに、「彼女の価値観は私のものと違う可能性がある」「だとしたら、それはなんだろう」と考え、どうしてスプライトなのか、普段彼女はお腹が痛くなったときにどういう対処をしているのか尋ねればよかった。2件目のケースは、私がそれほどアレルギーという情報に重きを置いているならば、健康診断時に「アレルギーはとても大事な健康情報だから、確認させてもらってもいいかな？　ここが間違っていると、こういう危険性があるの」と説明し、目的と価値観を共有したうえで、並んで一緒に書類を確認するべきでした。こういう対応が自然にできることこそがまさに、Cultural Competent（文化的能力がある）ということなのです。

　これからの時代、Cultural Competentな医療従事者を増やすには、やはり学生のうちからこういった価値観を学び、練習を積む必要が出てきます。だからこそ最近ではATのみならず、看護[6,7]医師[8,9]歯科医[10]薬剤師[11]教育プログラムでも文化的知性・能力というコンセプトをどう教育に盛り込んでいくかが大きな課題になっているのですが、これがなかなかどうしてうまくいっていないのです。講義形式のトレーニングに参加しても、考え方として学生の間で思うように定着せず[8]学生ら自身もこれでは不十分と感じていたり[9]現場で実践させていこうにも教育と現場スタッフの連携がうまく取れておらず、これらの教育目的が明確に設定されていない、意識共有が足りない、などの課題が挙げられています[10]興味深いことに、将来医療に携わることになる学生らは「そもそも現場の先輩医療従事者ですらこの知識と技術に欠けている」と感じているようで[9]それではいったいどれだけこの概念をきちんと教えられるだけの人材が業界にいるのか、という大きな問題も残っています。また、「文化的能力」の面白い一面として、学生[12]も現場で働く医療従事者[13]も、自分の能力を過信しがち、というのがあるんです。つまり、「他の人はともかく、自分はちゃんと患者の価値観を重視できてるもんね」と実力以上に自分を過大評価してしまっているケースが多いのです。皆さんも、自分は違う、と思いながらこの記事を読んでいませんでしたか？

　まずは「これは私は真摯に学び、伸ばさなければいけない分野である」と個々がしっかり認識し直したうえで、「ではどうすればこの能力

を改善していけるか」を探っていく必要があるのです。

Cultural Competenceを決める要素

一般的に、どういった人物が文化的能力が高い傾向にあるのでしょう？　男女を比較すると女性のほうが文化的能力が高い、という説もある[13]のですが、それと食い違う研究も存在し、[6,12]性別に関してはそう一概には言えなさそうという印象です。学校の学年や、[12]プロとしての経験年数、[13]住んでいる場所、[13]文化トレーニング参加経験の有無[6]は文化的能力との関連性がないことがわかっています。過去の報告で最も一貫性があり、おそらく最も影響力が高い要素と言われているのが学生・医療従事者が（非欧州人、非白人の）有色人種であること[12,13]に加えて、他国出身者であることと、[6]2つ以上の言語を話せること[6]などが挙げられています。

あれ、でも、これって、どれもそう簡単に変更することのできない、固定的要因ばかりですよね。ということは、自分がたまたま人種、民族、言語的にマジョリティーとして生まれてきてしまったら、「運が悪かった」と文化的能力の習得は諦めざるを得ないのでしょうか？　いえいえ、そういうことではありません。実は、他にも「交換留学生として海外へ行く経験をする」、そして「臨床・余暇を問わず、多文化出身の人たちと触れ合う機会を多く持つ」ことで、文化的能力が向上することもわかっています。[6]実はこういった「異文化とじかに触れ合う機会」は、学生たちも「もっとあるとよい」と各教育プログラムに望んでいる要素でもあり、[14]そうして生まれてくる活発な意見交換や問題提起などを通して、より現場に応用しやすい活きたチカラが学生らの身につく[6]のです。

しかし、とは言っても、医療教育機関が所属学生全員を交換留学を通じて年単位で海外に送る、というのはなかなか金銭的・時間的に難しいですよね。その代わりと言ってはなんですが、今アメリカの各教育プログラムで人気が出てきているのが夏季短期海外留学です。短期海外留学の長所としては、夏の2〜3週間ほどの比較的短期間と少ない金銭的負担で、学生の求める「異文化にどっぷりと浸かった経験」が提供できる

31

こと。そして、技術の進歩で海外にいる間も本校のカリキュラムとの同時進行も可能になり、つまり履修している授業はそのまま進行、オンライン中心での講義やディスカッションを続けられるので、学業の進みに影響が出ないのもかなりの強みです。海外での滞在経験を通じ、今まで「マジョリティー」だった学生も思いっきり「マイノリティー」になる経験も味わえ、[7,15,16] 実際に参加した多くの学生がこの経験を「目からうろこが落ちた」「人生で最高の経験だった」と振り返るような、一粒で二度おいしい体験が可能です。[17] 自己の価値観や持っていることさえ以前は気づかなかった偏見、文化的アイデンティティの再発見や、[15,16,18] 未知なる文化と自己との緩やかな統合[15,17,18]などは確実に学生を人としてひとつ上のレベルまで押し上げてくれることでしょうし、そしてそれとともに込み上げてくる独特の達成感と「ここでもやれる」という自信[15-18]は、他では得られない特別な人生経験です。もちろん、他国の医療システムを学び、自国とのリソースや環境の違いを肌で感じる機会があるのもプロとして非常に貴重。[7,16-18] こうすればもっと効率のよい医療が提供できるのでは？　と既存の枠にとらわれずに考え始めることで、複数の職種が協力し合うinter-disciplinaryアプローチがうまい学生が育ったり、[18] 文化の違いに敏感で、かつ患者を常に中心に考えられる、文化的能力の高いプロになれることが報告されています。[19]

日本の役割は？

　短期海外留学がアメリカでトレンドになりつつあるというのが、どう日本へ影響を及ぼすのでしょうか？　たとえば、これから「日本の教育機関やスポーツチームで、うちの学生を受け入れてくれないか」と言う要望が実際にアメリカから皆さんのもとに届くこともあるかもしれません。実際、私のところにも「どこかいいところ知らない？」と連絡がくることがポツポツあるのです。こういった機会を、我々も利用しない手はありません。黙っていても異文化のほうが向こうから飛び込んできてくれるなんて、とてもありがたいではありませんか。我々の医療形態を知ってもらうのと同時に、あちらではどんな医療が実践されているか情報交換をし、学生も有資格者も一緒になって成長し合って文化的能力を

磨く素晴らしいチャンスです。学生やスタッフを交換し合うような長期的な関係が築ける可能性もありますし、将来的にコラボレーションして一緒に研究やプロジェクトを立ち上げたり…ということも可能かもしれません。

　近年日本でも、プロスポーツはもちろん、大学や高校レベルでの外国人選手が増えていると聞きます。2020年の東京オリンピック開催に向け、異なる文化的背景から日本にやって来て、医療サービスを受ける人もこれからまた増えるのではないでしょうか。医療の国際化が今まで以上に求められるようになります。文化的知性・能力はアメリカだけで叫ばれるべきものではなく、医療に関わる全ての人間が兼ね備えているべきものなのです。見知らぬ文化から来た人を「異質」と決めつけ、最善の医療の提供を放棄したり、患者を突き放すのではなく、「異なる中にも共通点はあるはずだ」「健康になりたいという思いは同じだ」「どうすればそこへ一緒に辿り着けるだろうか」と考えることこそが、本当の医療の国際化だと、私は思うのです。

考える練習

　それでは最後に、皆さんに考える練習の一環として臨床症例をひとつ託し、問題提起して終わりにしたいと思います。これは私が実際、現場で目にした症例によく似せています。少し時間を使って考えてみてください。

　あなたの陸上競技チームに海外から来たイスラム教徒の長距離マラソン選手が一人います。チームはシーズン真っ只中ですが、彼はこれから1カ月ラマダーン（断食月）に入るため、日の出から日没まで何も食することができません。さて、こんな彼にどんな栄養指導をすればよいでしょうか？　自分がイスラム教徒でないからといって、「そんな習慣バカバカしい。アスリートでありたいなら食べるのも仕事」と価値観を押しつけてしまってよいのでしょうか、それとも選手の言うことすべてを鵜呑みにして、「わかったわかった、何も食べないのね」と、何も他に工夫をせず、ただただ受け入れてしまうことが正解なのでしょうか？文化的能力の高い医療従事者は、いったい彼にどんな質問をし、どんな

情報を引き出し、どういった教育を施して、「アスリートの価値観を守りながらも理想的なパフォーマンスを引き出す」という共通の目的に向かって進んでいけるのか…いろいろ思考を巡らせてみるのも面白いと思います。自分なりの答えを出してみてから、職場の同僚などに「あなただったらどうする？」と聞いてみて、意見交換するのもよいですね。

　この短い記事が、一人でも多くの皆さんの「文化的能力」を見つめ直し、それを伸ばすきっかけになれば幸いです。

［参考文献］

1) Denboba D, U.S. Department of Health and Human Services, Health Services and Resources Administration. MCHB/DSCSHCN Guidance for Competitive Applications, Maternal and Child Health Improvement Projects for Children with Special Health Care Needs. Rockville, MD, USA: 1993.

2) Perrin DH. Promoting diversity in athletic training. J Athl Train. 2000; 35 (2): 131.

3) U.S. Census Bureau; QuickFacts, Race and Hispanic Origin V2014. http://www.census.gov/quickfacts/table/PST045215/00. Accessed March 24, 2016.

4) National Athletic Trainers' Association. April 2015 Ethnicity Demographics. http://www.nata.org/sites/default/files/Ethnicity-Demographics.pdf. Accessed February 19, 2016.

5) Schim SM, Doorenbos AZ. A three dimensional models of cultural congruence: framework for intervention. J Soc Work End Life Palliat Care. 2010; 6 (3-4): 256-270.

6) Repo H, Vahlberg T, Salminen L, Papadopoulos I, Leino-Kilpi H. The cultural competence of graduating nursing students. J Transcult Nurs. 2016. pii: 1043659616632046.

7) Carpenter LJ, Garcia AA. Assessing outcomes of a study abroad course for nursing students. Nurs Educ Perspect. 2012; 33 (2): 85-89.

8) Lu PY, Tsai JC, Tseng SY. Clinical teachers' perspectives on cultural competence in medical education. Med Educ. 2014; 48 (2): 204-214. doi: 10.1111/medu.12305.

9) Thompson BM, Haidet P, Casanova R, Vivo RP, Gomez AG, Brown AF, Richter RA, Crandall SJ. Medical students' perceptions of their teachers' and their own cultural competency: implications for education. J Gen Intern Med. 2010; 25 Suppl 2: S91-94. doi: 10.1007/s11606-009-1245-9.

10) Aleksejuniene J, Zed C, Marino R. Self-perceptions of cultural competence among dental students and recent graduates. J Dent Educ. 2014; 78 (3): 389-400.

11) Echeverri M, Brookover C, Kennedy K. Assessing pharmacy students' self-perception of cultural competence. J Health Care Poor Underserved. 2013; 24 (1 Suppl): 64-92. doi: 10. 1353/hpu. 2013. 0041.

12) Volberding JL. Perceived cultural competence levels in undergraduate athletic training students. Athl Train Educ J. 2013; 8 (3): 66-70.

13) Marra J, Covassin T, Shingles RR, Canady RB, Mackowiak T. Assessment of certified athletic trainers' levels of cultural competence in the delivery of health care. J Athl Train. 2010; 45 (4): 380-385. doi:10.4085/1062-6050-45.4.380.

14) Nynas SM. The assessment of athletic training students' knowledge and behavior to provide culturally competent care. Athl Train Educ J. 2015; 10 (1): 82-90.

15) Greatrex-White S. Uncovering study abroad: foreignness and its relevance to nurse education and cultural competence. Nurse Educ Today. 2008; 28 (5): 530-538.

16) Ruddock HC, Turner de S. Developing cultural sensitivity: nursing students' experiences of a study abroad programme. J Adv Nurs. 2007; 59 (4): 361-369.

17) Kelleher S. Perceived benefits of study abroad programs for nursing students: an integrative review. J Nurs Educ. 2013; 52 (12) :690-695.

18) Green BF, Johansson I, Rosser M, Tengnah C, Segrott J. Studying abroad: a multiple case study of nursing students' international experiences. Nurse Educ Today. 2008; 28 (8): 981-992. doi: 10.1016/j. nedt.2008.06.003.

19) de Oliveira AK, Tuohy D. Communication and nursing: a study-abroad student's reflections. Br J Nurs. 2015; 24 (21): 1080-1084. doi: 10.12968/ bjon.2015.24.21.1080.

医療最前線だからこそ求められる救急力（1）
糖尿病、喘息、熱中症、他

　スポーツの現場で最も起こってはいけないこと、それがアスリートの突然死です。スポーツの大前提は「安全であること」であり、命よりも大事な練習や試合など存在しないからです。どうしてもつきまとうケガのリスクこそあれど、死亡事故の発生は限りなくゼロに近くなければならない――そんな基本理念から、アメリカのアスレティックトレーニング（AT）教育でも一番最初に叩き込まれるのがEmergency Care（救急医療）です。

　考えてみると救急時の対応というのは、アスレティックトレーナー（AT）が非常に特殊な職業であるが故に発展した分野なのかなという気もします。アメリカにおけるATは健康のあらゆる面に関わる唯一無二の医療従事者であり、日々の業務にケガや疾患の予防、診断、治療、リハビリやドキュメンテーション（定められた書式に書類をまとめること、書類仕事）が含まれるのはもちろん、[1] アスリートの日常に密着し、普段の練習や試合、遠征にも帯同しています。必然的に「健康なアスリート」が「急病人」に変わる瞬間に居合わせることが他の医療従事者に比べて格段に多くなりますし、彼らが突然意識を失って倒れるような場面でも、0.1秒後には走り出していける俊敏性が我々の持つ武器でもあるわけです。

運動中の選手に起こり得るさまざまな
Medical Emergency（救急疾患・障害）

糖尿病とその合併症

　スポーツ中に起こり得る救急疾患・障害と一口に言っても実にさまざまです。たとえばアスリートの持病によって起こり得る急性代謝失調として、糖尿病に起因するインスリンショックや糖尿病ケトアシドーシスがあります。[2,3]

　どちらも対応が遅ければ命に関わる疾患でありながら、「インスリンが体内に十分にあり、血糖値が極度に下がった状態」がインスリンショックなのに対し、糖尿病ケトアシドーシスは「体内に糖分があってもインスリンが足りないためそれを使えず、脂肪を分解してなんとかエネルギー源を確保しようとした結果、その副産物としてつくられたケトン体が体内で増え、血液が一気に酸性に傾いた状態」のことを指します。[2,3]前者が糖分摂取を通じて血糖値を上げる必要がある（オレンジジュースやハチミツなどを摂らせることで症状の改善が見込まれる）のに対し、後者は一刻も早い注射によるインスリン投与で血糖値を下げる必要ありと、対応が正反対なのも特徴で、これを間違えて、たとえばインスリンショックの患者にさらにインスリンを投与してしまうと症状が悪化する恐れがあります。[2,3]もし自分が担当するチームに糖尿病と診断された選手がいる場合、ATは各疾患の諸症状、対処法に精通しておくだけでなく、血糖測定器を忘れず持ち歩き、場合によっては錯乱したり攻撃的になっている選手をうまくなだめ、コントロールしながら快方へと導かねばなりません。[3]

喘息

　持病と言えば、他に考えなければいけない代表的疾患が喘息です。アレルギー性、もしくは運動誘発性の喘息を抱える選手はスポーツチームに少なくなく、対処を誤ったり準備が不十分な場合は重度の呼吸困難から死に至ることもあります。[4,5]一方で、喘息はきちんと教育・予防・準備ができていれば競技への影響をほぼゼロに抑えられる疾患でもあるのです。[4,6]実際にトップアスリートでも喘息持ちであることを公表して

いる選手は思うよりも多いものです。[6] 海外の選手ですと元NBAのデニス・ロッドマン選手や元サッカーのデービッド・ベッカム選手、日本だとバレーボールの大山加奈選手、オリンピック金メダリストの清水宏保選手や羽生結弦選手らの活躍に見られるように、克服可能な疾患である、という点は大いに強調しておきたいところです。[6]

　アメリカではATは喘息に特化したEmergency Action Plan（EAP）を作成する義務があり、選手が喘息の発作を起こした場合にはPeak flow meter（ピークフローメーター、最大呼気流量計）を必要に応じて使い、呼気流量に基づき現在患者の呼吸状態がグリーン、イエロー、レッドのうちどのゾーンに入るかの分類を確認したうえで（i.e. レッドの場合は救急性が高い、すぐに医師の指導を仰ぐ必要あり）、レスキューインヘラー（即効性のある吸入器）などを迅速に使って気道拡張を促すのはもちろん、[4] 最近ではネブライザー（薬剤をミスト状にして吸い込める吸入器。レスキューインヘラーと比較して即効性には欠けるが時間をかけて投薬量を吸引可能）の使用方法などもAT学生がマスターしなげればいけない臨床技術の必須項目に入っています。[7] 最近のATは、重度の喘息患者など、かなり深いところの対応までもが可能になってきています。このあたりは私が学生だった頃は（もう10年以上前ですが）全く習わなかった分野ですので、ATのツールボックスもずいぶん大き

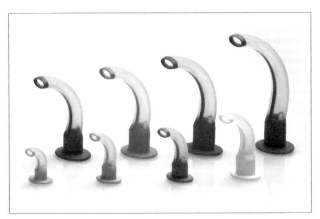

写真4-1　OPA（Oropharyngeal airway）。By ICUnurses (Own work) [CC BY-SA 4.0], via Wikimedia Commons

くなってきたなぁという印象です。

気道確保

　他に近年我々のツールボックスに加わった道具に、OPA（Oropharyngeal airwayまたは口咽頭エアウェイ、プラスチック製で硬い。写真

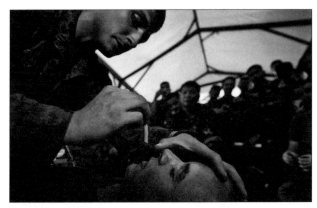

写真4-2　NPA（Nasopharyngeal airway）を用いる様子。
By Michael R. Holzworth, TSgt, USAF [Public domain], via Wikimedia Commons

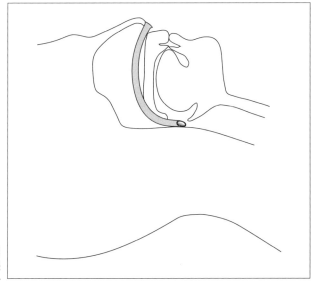

図4-1　NPAを用いた気道確保

4-1）とNPA（Nasopharyngeal airwayまたは鼻咽頭エアウェイ、ゴムのような柔らかい素材。写真4-2）があります。[8,9] これらはそれぞれ鼻と口から挿入する管状の救命用具で、舌根沈下などが原因での気道狭窄・閉塞を予防し、気道確保をするのが目的です。[8,9] OPAは咽頭反射（オエッというえずき）を誘発してしまうので意識消失した患者にのみ、NPAは意識がある患者にも使用可能です。

　使い方はどちらも至ってシンプルで、それぞれ鼻孔と前歯から下顎角までの距離を測り、適切なサイズを選んだのちに鼻（図4-1）もしくは口から装具をスルリと挿入するだけで、気道を確保するまでに数秒もかかりません。[8,9] コストも幾つかのサイズが入ったセットが7～25ドルと安く使い方も至極簡単で、アメリカではATがこれらを使用するにあたって特別なトレーニングや資格取得を必要としません。そのため常にスポーツの現場にいる我々ATには近年なくてはならない救命道具になっており、これもネブライザー同様、現在のATが学ぶべき必須項目のひとつに含まれています。[7]

　ちなみにこれは余談になりますが、文献を読んだり救急救命士の方と話したりして私が個人的に受けた印象は「NPAの使い勝手はOPAのそれを上回るのでは？　過小評価されがちだが、もっと使われてもよいのでは？」というところです。たとえばOPAは顎の硬直が激しい患者には使えない（顎が十分に開かないため）のと、患者の意識が完全に消失していることを確認してOPAを使用したとしても、もし治療中に患者の意識レベルが回復した場合、突然咽頭反射が起こり嘔吐をしてしまう、さらにそこから起こり得る誤嚥性肺炎などのマイナスの可能性があるのに対し、NPAは意識混濁の患者にもそういった心配なく使えることは大きな利点です。[8]

　頭蓋内にNPAが入り込んでしまう可能性があるため、「頭蓋底骨折の疑いがある場合はNPAを使用するな！」と一時はアメリカでも厳しく教えられていたらしいのですが、これはたった2件の症例に基づいた声明であり、現在では明らかな頭蓋骨骨折の兆候（i.e. バトル兆候や鼻・耳からの髄液漏）が見られなければ、とりあえずNPAを使って気道確保を試みてみよう、という教えられ方がより一般的になっているようです。[8]

文脈からは逸れるかもしれませんが、NPAを使う際はまず少し大きい右の鼻孔から試せ、うまく入らなければ、鼻骨骨折などもあるかもしれないので左へ、と救急救命士のハンドブックなどで指導されており、[10] 鼻孔の大きさに関する左右差が指導書で明確に言及されているというのは非常に興味深いです。どうして右の鼻孔のほうが「まず間違いなく」左より大きいのでしょうね？

熱中症
直腸温と全身冷却の重要性
　熱中症もアスリート突然死の原因第３位として挙げられる最も深刻で、救急性を要する疾患のひとつです。[11]

　実は熱中症によるアスリートの死亡事故はアメリカでは年々増加傾向にあり、[11,12] 中でもその６割以上が８月に起きているというのはとくに驚くようなことではないかと思うのですが、[13] 発症の半数以上は涼しいはずの朝の練習中に起きている、というのは意外と感じる方も多いかもしれません。[12] 最近はスポーツ指導者も熱中症の危険性を考慮して一日の最も暑い時間帯を外して朝や夕方に練習することが増えていますが、湿度が高ければそれも熱中症予防にはさほど効果がないという可能性を示唆しています。

　湿度が高いといえば、日本にとっても他人事ではありません。高校野球などでも連日熱中症のニュースを耳にしますし、的確な予防と現場での対応が求められています。

　2015年９月発表の最新NATA Position Statementによれば、「熱中症による全ての突然死はほぼ100％予防可能」であり、その診断法・治療法にはっきりとした正解（ゴールド・スタンダード）があると述べられています。[14] NATAのPosition Statementで、これだけ強い語調が用いられることも珍しく、強いエビデンスに裏付けられているという自信と、それでも残る世間のみならず[15,16]医療従事者からの「抵抗」[17]に、専門家が感じているフラストレーションが見事に集約されているなぁ、と私は感じます。

　さて、その「正解」を簡潔にまとめると、1) 運動中、選手に熱中症の疑いが出た場合は直腸温計を用いて深部体温を即座に計測、2) 深部

写真4-3 アイスバス。熱中症患者の背中側の人は、沈まないように患者を支えている。もう一人が、直腸温の測定を行い、バスタブを掻き混ぜて身体を冷やしながら状態を監視する。photo credit to the Korey Stringer Institute

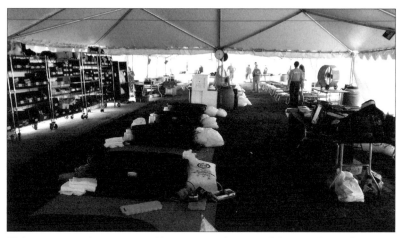

写真4-4 ファルマス・ロードレースで用意される冷却用のバスタブ。
photo credit to the Korey Stringer Institute

体温が40.5℃より高く、労作性熱中症という診断が確定した場合にはすぐに全身を冷水・氷水に浸して冷却を開始。どんなに遅くとも患者が倒れてから30分以内に体温を38.9℃まで下げることを目標とする。最速で体温を低下させるため、水の温度は1.7〜15℃に保ち、患者を首までつ

からせ冷却中は水を常に掻き混ぜておく（写真4-3）。3) 患者の直腸温が38.9℃まで下降した時点で低体温症を避けるために患者を水槽から出し、病院へ搬送する。[14]…という感じです。

英語だとCool first, transport second（第一に冷却、病院搬送は二の次）[18]と呪文のように唱えられたりもしますが、これは熱中症患者の生存率が患者の体温がどれだけ最大で上昇したかではなく、どれくらいの間、一定以上の体温（約40.5℃と言われています）を超えたままでいたかに直結しているからで、[14,18] 1分1秒でも早い冷却こそが生存のカギだからです。誤って搬送を優先してしまうと、救急へ電話をしてから救急車到着、病院搬送に医者への取り次ぎにかかる時間が日本の全国平均で約39分だそうなので、[19] その時点で患者の生存率がひとケタまで落ちてしまうことになります。[18]

では、全身冷却が現場で迅速に行われた場合の生存率はどうなのでしょうか？　マサチューセッツ州で毎年8月半ばに行われるファルマス・ロードレースを例に見てみましょう。このロードレースの距離は7マイル（約11km）とそこまで長い耐久レースには一見思えませんが、アップダウンが激しいこと、外気温が高いこと、そして逆に距離が短いが故に走者が速いスピードを保ったままレースを走る傾向にあることから、かなり過酷なレースと一般的には認識されています。

実際、熱中症の症例数も他のマラソンイベントに比べて10倍高く、[20,21] その対策にと、このイベントには熱中症対応の訓練を積んだATらを中心としたスタッフが直腸温計と冷却用のバスタブを用意して徹底した医療サポートを提供しています（写真4-4）。特筆すべきは、そのサポートの甲斐あって、過去18年間レース中に確認された274人の労作性熱中症患者のうち（1年平均15.2±13.0件という実に怖い数字）、死者は一人も出ていないという、誇るべき「生存率100％」という統計です。[20,21] 予防医学界において、生存率100％というのは完璧であると同時に通常成し遂げられない幻の数字でもあります。NATAがPosition Statementで「これが熱中症診断・治療のゴールドスタンダード」と言い切った根拠はここにあるわけです。

人一人が入るバスタブを用意するのは面倒だよ、首根っこにアイシングを当てるだけじゃだめなの？　という人もいるでしょう。そうなんで

43

す、これでなければダメなのです。氷を動脈の上に当てたり、ミストファンを使うのは健康な選手にはともかく、熱中症患者の体温を効果的に下げるにはあまりに微力すぎ、目標の温度にまで体温を下げるのに1時間以上かかることが多くの研究によって断定されています。[22-24] 全身を冷水につけることが現在知られている唯一の有効な冷却法なのです。[22-24]

直腸温でなければダメなの? ちょっと取るのに抵抗があるんだけれど…と感じるATもいるかもしれません。これもそうなんです、直腸温でなければダメなのです。安静時と異なり、運動中は外気温や湿度はもちろん、筋収縮による体内からの発熱の影響を多く受けます。さらに、運動に伴い身体の血管も部分的に収縮・膨張をしているのでひとつのカラダでもその部位ごとに体温が大きく異なるのです。

実際に屋内、[22] 屋外[23] で健康な被験者を運動させて口腔、腋窩、胃腸、直腸、耳、側頭、額の温度を比較した結果、深部体温を測るのに適切なのは直腸と胃腸温のみ、それ以外の部位の温度は深部体温との関連性が一切確認できなかったという結論が出ています。つまり、「口腔体温に2℃くらい足しておけばだいたい深部体温と同じくらいになるんじゃない」というような甘い考えは通用しない、ということ。片方が上昇しているときにもう片方が下降している場合もあり、直腸温と胃腸温以外の方法で深部体温を「予測」するような方法は存在しないのです。ちなみに実際に胃腸温を取ろうとすると1回に4000円はかかると言われる飲み込みカプセルタイプの胃腸温計測器を事前に選手の体内に入れておかねばならず、練習や試合のあるたびに、その6～8時間前に全ての選手にカプセルを飲んでもらわないといけない、その手間とコストがまだまだ実用への大きな障壁になっています。選手がお腹を下していたりすると予想外に早めに体外に出されちゃうかもしれませんし…。[25,26] アメリカでは最近「Rectal temp or no temp at all」つまり、他のもの（i.e. 口腔や腋窩など）を使って体温を「測った気になる」ことで患者を危険に晒すよりは、全く測らないほうがよい、とさえ専門家によって謳われるようになってきています。[14]

命より大切な練習や試合などない、と冒頭でも書きましたが、プロの医療従事者として「面倒くさいから」「気が進まないから」という理由で、患者をみすみす死なせるなんてことがあっては絶対にいけないとも

44

思います。これだけ光り輝く黄金のエビデンスを、我々現場のATが使わない手はありません。直腸温を測るということに未だに抵抗を感じるATもいるようですが、そんなことは看護師など他の医療従事者にとってみれば日常茶飯事ですし、実際、2016年の段階で、Rectal tempを使ってATが訴えられた判例は1件も報告されていません。逆に、熱中症患者にこれらのプロトコルを使わず、訴訟沙汰になってライセンスを失ったATはすでに複数いるとのことです。コストを問題に挙げる方もいるようですが、直腸温度計のコストはアメリカでは2～3万円。人一人の命を守るのにこれが高い値段なのかどうか、もう一度現場のATさんに考えてもらいたいと思います。

この救急医療についての話題は、次章に続きます。

［参考文献］

1) National Athletic Trainers' Association. Education Overview. http://www.nata.org/about/athletic-training/education-overview. Accessed July 10, 2016.
2) Chansky ME, Corbett JG, Cohen E. Hyperglycemic emergencies in athletes. Clin Sports Med. 2009; 28 (3): 469-478. doi: 10.1016/j.csm.2009.02.001.
3) Jimenez CC, Corcoran MH, Crawley JT, et al. National athletic trainers' association position statement: management of the athlete with type 1 diabetes mellitus. J Athl Train. 2007; 42 (4): 536-545.
4) Miller MG, Weiler JM, Baker R, Collins J, D'Alonzo G. National Athletic Trainers' Association position statement: management of asthma in athletes. J Athl Train. 2005; 40 (3): 224-245.
5) D'Amato G, Vitale C, Lanza M, et al. Near fatal asthma: treatment and prevention. Eur Ann Allergy Clin Immunol. 2016; 48 (4): 116-122.
6) Elers J, Pedersen L, Backer V. Asthma in elite athletes. Expert Rev Respir Med. 2011; 5 (3): 343-351. doi: 10.1586/ers.11.28.
7) CAATE. Commission on Accreditation of Athletic Training Education. Athletic Training Education Competencies 5th Edition. http://caate.net/wp-content/uploads/2014/06/5th-Edition-Competencies.pdf. Updated June, 2014. Accessed July 10, 2016.
8) Roberts K, Whalley H, Bleetman A. The nasopharyngeal airway: dispelling myths and establishing the facts. Emerg Med J. 2005; 22 (6): 394-396.

9) Bajaj Y, Gadepalli C, Knight LC. Securing a nasopharyngeal airway. J Laryngol Otol. 2008; 122 (7): 733-734.

10) Walter AA, Edgar C, Rutledge M. Andrea A. First responder handbook: fire service edition. Independence, NY: Delmar Cengage Learning; 2002.

11) Boden BP, Breit I, Beachler JA, Williams A, Mueller FO. Fatalities in high school and college football players. Am J Sports Med. 2013; 41 (5): 1108-1116. doi: 10.1177/0363546513478572.

12) Grundstein AJ, Ramseyer C, Zhao F, et al. A retrospective analysis of American football hyperthermia deaths in the United States. Int J Biometeorol. 2012; 56 (1): 11-20. doi: 10.1007/s00484-010-0391-4.

13) Kerr ZY, Casa DJ, Marshall SW, Comstock RD. Epidemiology of exertional heat illness among U.S. high school athletes. Am J Prev Med. 2013; 44 (1): 8-14. doi: 10.1016/j.amepre.2012.09.058.

14) Casa DJ, DeMartini JK, Bergeron MF, et al. National athletic trainers' association position statement: exertional heat illnesses. J Athl Train. 2015; 50 (9): 986-1000. doi: 10.4085/1062-6050-50.9.07.

15) Herbst D. Experts alarmed over 13 high school football deaths this season. University of Conneticut, Korey Stringer Institute, News website. http://ksi.uconn.edu/2015/12/04/experts-alarmed-over-13-high-school-football-deaths-this-season-people/. December 4, 2015. Accessed July 10, 2016.

16) Adams WM, Mazerolle SM, Casa DJ, Huggins RA, Burton L. The secondary school football coach's relationship with the athletic trainer and perspectives on exertional heat stroke. J Athl Train. 2014; 49 (4): 469-477. doi: 10.4085/1062-6050-49.3.01.

17) Mazerolle SM, Scruggs IC, Casa DJ, et al. Current knowledge, attitudes, and practices of certified athletic trainers regarding recognition and treatment of exertional heat stroke. J Athl Train. 2010; 45 (2): 170-180. doi: 10.4085/1062-6050-45.2.170.

18) Lopez RM, Casa DJ, McDermott BP, et al. Exertional heat stroke in the athletic setting: a review of the literature. Athl Train Sport Health Care. 2011; 3 (4): 189-200. doi: 10.3928/19425864-20101230-06.

19) 消防庁. 報道資料：平成27年版　救急・救助の現況. 総務省消防庁 website. http://www.fdma.go.jp/neuter/topics/houdou/h27/12/271222_houdou_2.pdf. December 22, 2010. Accessed July 10, 2016.

20) DeMartini JK, Casa DJ, Belval LN, Crago A, Davis RJ, Jardine JJ, Stearns RL. Environmental conditions and the occurrence of exertional heat illnesses and exertional heat stroke at the Falmouth Road Race. J Athl Train. 2014; 49 (4): 478-485. doi: 10.4085/1062-6050-49.3.26.

21) Demartini JK, Casa DJ, Stearns R, Belval L, Crago A, Davis R, Jardine J. Effectiveness of cold water immersion in the treatment of exertional heat stroke at the falmouth road race. Med Sci Sports Exerc. 2015; 47 (2): 240-245. doi: 10.1249/MSS.0000000000000409.

22) McDermott BP, Casa DJ, Ganio MS, Lopez RM, Yeargin SW, Armstrong LE, Maresh CM. Acute whole-body cooling for exercise-induced hyperthermia: a systematic review. J Athl Train. 2009; 44 (1): 84-93. doi: 10.4085/1062-6050-44.1.84.

23) Casa DJ, McDermott BP, Lee EC, Yeargin SW, Armstrong LE, Maresh CM. Cold water immersion: the gold standard for exertional heatstroke treatment. Exerc Sport Sci Rev. 2007; 35 (3): 141-149.

24) Gaudio FG, Grissom CK. Cooling methods in heat stroke. J Emerg Med. 2016; 50 (4): 607-616. doi: 10.1016/j.jemermed.2015.09.014.

25) Ganio MS, Brown CM, Casa DJ, et al. Validity and reliability of devices that assess body temperature during indoor exercise in the heat. J Athl Train. 2009; 44 (2): 124-135. doi: 10.4085/1062-6050-44.2.124.

26) Casa DJ, Becker SM, Ganio MS, et ak. Validity of devices that assess body temperature during outdoor exercise in the heat. J Athl Train. 2007; 42 (3): 333-342.

医療最前線だからこそ求められる救急力（2）
急性頸椎損傷疑いをどう扱うか

　皆さん、アメリカンフットボールの試合中に頭部にタックルを受けた選手がそのまま倒れ、動かなくなったら真っ先に何を疑いますか？　脳振盪、と思う方もいるかもしれませんし、それは決して間違いではないのですが、現場のアスレティックトレーナー（AT）は、何に代えてもより深刻で命に関わる可能性のある「頭部・頸椎の損傷」を真っ先に除外しなければいけません。

　前章で、アスリートの突然死の原因の3位が熱中症と書きましたが、実は2番目に多い死因が頭部・頸椎への損傷なのです。[1] NATAが公式に発表しているPosition Statementでは、1) 意識消失を含む意識レベルの低下、2) 左右両側の痺れや無感覚、麻痺などの神経的症状、3) 触診する・しないにかかわらず脊柱・棘突起付近の激しい痛み（significant midline spine pain）、4) 明らかな脊柱の変形、のどれか1つでも認められれば頸椎損傷の疑いが色濃くなるため、直ちに緊急対応を開始するよう明言されています。[2] しかし、2009年に発表されたこの頸椎損傷対応Position Statement[2]は今まさに一部書き換えが進んでいる真っ最中。この章では、前章に引き続き救急医療についての話の後半として、急性頸椎損傷疑いのある患者をどう扱うか、現存の対処法と、これから発表されるであろう対処法を比較しながら、何がそのまま残り、何が変わりそうなのかを、エビデンスを交えてまとめていきたいと思います。

現在のPosition Statement（2009年発表）のキーポイント[2]

頸椎固定術

1. 頸椎の損傷が疑われる場合、ケガの対処中に起こり得る脊柱の動きを最小限に留めるため、救護者は直ちに自身の手を使って患者の頸椎を固定するべし。

2. このとき、頸椎牽引はするべきではない。靱帯の損傷があった場合、牽引によって亜脱臼、そしてさらなる頸髄の損傷が起こってしまう可能性があるためである。

3. 固定時に患者の脊柱は中間位を保つべきであるが、もし脊柱が屈曲や回旋などで中間位にない場合、二次的脊髄損傷予防、および気道確保のために中間位に戻すべし。しかし、以下の事柄が認められる場合には脊柱を中間位に戻すべきではない。1) 脊椎の動きによって痛み・神経症状・筋痙攣・気道閉塞が悪化する、2) 動かす際、何かが挟まったり引っかかる感触など物理的な抵抗を感じる、3) 患者が不快感を示す。

　意外と起こりがちなのが、「絶対に頭・頸部を動かしてはいけない」という意識が先立ちすぎて「脊柱を中間位には動かしてもよい」という考えが働かないこと。1番から2番は驚くような新情報ではないと思うのですが、3番の「脊柱が中間位になければまず中間位に戻そうと試みてみる（＝そうすることで起こり得る利益が十分にある）」「試みたうえで、患者の状況が悪化しそうなのであれば直ちにやめて、そのままに留めておく」ということは改めて我々も肝に銘じておきたい事柄です。[2] ここらあたりの記述は、近い将来発表される改訂版でもほとんどそのまま残るのでは、と予測されます。

気道確保[2]

4. 気道確保の障壁となりそうなフェイスマスクなどは迅速に外す。

5. 人工呼吸が必要になった場合、その場で最も経験とトレーニングを積んだ人物が最も安全な方法でこれを行うべし。動きを最小限に抑えるためには、jaw-thrust（下顎挙上法）のほうがhead-tilt（頭部後屈法）

写真5-1 防具を取り除く
トレーニング

よりも有効であるとされるが、より高度な技術を使った気道確保（気管内挿管など）が可能な場合はそちらを推奨する。

　ここではこれ以上は省きますが、フェイスマスクは患者をスパインボードに固定することが明確になった段階で、そのとき患者の自発呼吸があったとしても、いつ失われるかわからないのでもう取り外してしまってよいこと、その際、コードレスの電動スクリュードライバー（ネジ回し）が最も効率のよい道具であり、まず最初に使われるべきことなど、いくつかの追加項目がこのPosition Statementではさらに言及されています。[2]
　うちの学生にもネジ回しやペンチを用いた手動と、電動スクリュードライバーとの両方を試させ、どちらがやりやすいか、動きを生みにくいか感想を尋ねるのですが、圧倒的に電動スクリュードライバーのほうが早く、動きを最小限に抑えながら安全に取り外せる、と学生らは口を揃

えて言います（写真5-1）。この項目に関しても改訂版でそれほどの変更は見られないことでしょう。

スパインボーディング

6. 搬送に際し、頸椎損傷疑いの患者に対してはスパインボード、もしくはその他の全身固定用具を用い、その全身を固定する必要がある。一般的に使われるのはスパインボードであるが、全身バキュームスプリントのほうが皮膚の擦れや痛みを軽減するので、適切な場合はこちらを使ってもよい。

7. スパインボーディングをする過程で、手を用いた一次頸椎固定から、緩やかに頸椎カラーとスポンジブロックなどの装具を併用した二次固定へと移行すべきであるが、可能であれば装具の上からでも手での固定を続けるとよい（一次と二次の併用）。頭部・頸椎の固定は、画像診断などにより頸椎損傷が除外できるまで続けること。

8. 患者が仰臥位の場合、lift-and-slide法（6-plus-person liftやstraddle lift and slideなど「患者を持ち上げ、できた隙間にボードを滑らせる」手法）を用いたほうが、ログロール法（患者を転がしてボード上に移動させる手法）よりも頭部・頸椎の動きを生みにくく、これが使われるべきである。

9. 患者が背臥位の場合、救護者らはログロール法を用いるより他ないので、これを熟知しておく必要がある。

　専門家は、必ずしもスパインボードの使用をベストとは考えておらず、全身バキュームタイプの固定のほうがよいかもしれないという見解が示されている、というのは特筆するべきかもしれません。
　皆さん、患者役でスパインボードに乗せられた経験はありますか？私は学生の練習に患者役をよくやりますが、硬いボードに骨の突起部がグリッと押し当てられたりして痛い思いをすることが多々あります。あれがなかなかどうして不快なのです。平らで硬いボードよりも、全身を柔らかく包み込んだうえでがっちりと固定するバキューム方式のほうが利点が高いとしながらも、それがまだ商品として一般に普及するほど確立しておらず、ほとんどの現場にはスパインボードしかないのが現実だ

よね…というジレンマが、その表現からも見え隠れしています。どの全身固定法がベストなのか、という点は、最新版の改定案に多少明記されていますので、これについては後述します。

防具への対処法

10. ヘルメットやショルダーパッドなどの防具の取り外しは頸椎の揺れの原因になり得るので、例外的な場合を除き、病院への搬送が完了するまでこれを行わないものとする。

　　例外：1) ヘルメットが頭部にフィットしておらずヘルメットの中で頭部にアソビがある場合、もしくは、2) 防具そのものが原因で中間位を取れない場合。

11. アメリカンフットボールとアイスホッケーにおいて、ヘルメットとショルダーパッドの着脱は常にセットで行われるべきである。片方だけ外してしまうと脊柱のアライメントに乱れが出る。それ以外のスポーツに関してはあまりにバリエーションが豊富すぎて、推奨を明言することは難しい。もし装具が原因で中間位を取れない、もしくは頭部固定が実現できない場合はケースバイケースで判断されるべきで、なるべく安全な方法で取り外すことが好ましいと思われる。

　　防具の取り外しについては大きな変更があります。現行のガイドラインでは以上のように書かれていますが、はて、改訂版では…？

最新版「脊椎損傷患者の適切な搬送前措置」ガイドラインに盛り込まれる可能性が濃厚な変更事項[3]

　　前述の通り、2016年現在、アメリカでは幅広い分野の権威らによってTask Forceと呼ばれる専門家集団が形成されており、脊髄損傷の疑いのある選手に対する搬送前の適切な措置について、改正案が現在進行形で話し合われている最中です。近々、もしかしたら来年、再来年？新たな合同声明が発表予定になっていて、発表されればおそらくNATAやNCAA、USOC（米国オリンピック委員会）のみでなく全米各専門医師協会などからも推奨される可能性の高い、非常に規模の大き

写真5-2　練習の場を設けたい

いものになるだろうと言われています。

　この全文はまだ明らかになっておらず、私などは公式発表をずいぶん首を長くしてウキウキと楽しみに待っているのですが「だいたいこういう方針でいくつもりです」と昨年6月にとくに重要な変更点を強調して示した実施要領が一般公開され、さらに世論を受けての修正案が8月に改めて発表されました。[3]　その中から将来の基準となるであろう4つの推奨事項を抜き出してみたいと思います。

推奨点1：脊髄損傷のEmergency Action Plan（EAP）は、高校・大学・プロを問わず各チームが地元の救急隊と提携してつくるべきである。このEAPはスポーツ医療スタッフらがイベントごとに事前におさらいし、誰が何をするか、どこに何があるのかを確認すること。

チームが自分たちに完璧なプランをつくっても、緊急時に協力し合う救急隊とのコミュニケーションが取れていなければEAPの効力も半減してしまいます。事前に連絡を取り合い、それぞれがどんな道具を持っていて、どんな訓練を積んできたのか理解し合ったうえで、お互いにとって最善のプランを用意しておくことは必要不可欠です。

推奨点2：頸椎損傷が疑われる場合、アスリートが装着している防具（＝フェイスマスク、ヘルメット、ショルダーパッド）は搬送前に外すべきである。このとき、訓練を積んだ人間が最低でも3名必要なので、十分な人数が現場にいない場合は揃うまで待ってから取り外しを行う。

　この項目がおそらく最も重要で、最も議論を引き起こしている修正箇所です。以前「病院への搬送が完了するまで行わないものとする」[2]と表記していた防具の取り外しを、今度は「搬送前に外すべし」[3]だなんて、まるで真逆。180°の方向転換です。この大きな変更の理由として、Task Forceは、1) 防具そのもののデザインが向上し最新のものは取り外しがしやすくなっていること、2) 最も訓練を積んだプロによって防具の着脱が行われるべきだとすれば、それは現場で最も場数を踏んでいるATに他ならず、病院の救急病棟スタッフより適任であること、3) 防具を外すタイミングを早めることで、患者が適切な治療をより迅速に受けられるようになる利点の大きさなどを挙げています。

　では、これを世間はどう受け止めたのかというと、全米各地で現地の救急隊や病院の救命病棟スタッフの資格に差があること、地域や高校・大学・プロなどのレベルによって人的・物資的な資源に制限があることから、懸念を示しているATも多いようです。[3] これを考慮し、Task Forceは8月付けの修正案[3]で、「防具は搬送前に取り外されるべき（should）」という表現を、「適切だと判断された場合、搬送前に防具を取り外してもよい（may）」という、各自の判断を尊重した、より含みを持たせた表現に変更する方針を発表しました。しかし同時に「6月の発表を受けて防具除去の訓練に取り組み始めた団体を我々は支持する」とも述べており、立場としてはやはり迅速な現場での防具除去が望ましいと思っているという態度は明らかです。状況が許す限り、「防具はそ

の場で外す」が最善の医療であると、ほぼ確立したと言ってもよいでしょう。

推奨点3：頸椎損傷患者に対しては、硬い素材の固定具を用いたうえで病院搬送を行うべし。このとき、救護者が重視すべきはspinal immobilization（脊椎固定）というよりspinal motion restriction（SMR、脊椎動作制限）というコンセプトであり、スパインボードに括りつけたからといってSMRが実現されているとは限らないということは念頭に置くべきである。近年の研究でスパインボードの長時間の使用が実害を伴うことも報告されている一方で、他に有効な方法がないのもまた事実であり、現時点ではスパインボードや、その他の固定具を使うことを推奨せざるを得ない。

　SMRという呼び名は初めて耳にしましたが、言われてみればなるほど、という内容です。外見を固定したからといって、本当に内部の動きを制限できているとは限らない。やはりここでも全身固定の絶対的な正解は明記されておらず、スパインボードの問題を指摘しながらもスパインボードの使用を推奨せざるを得ない現状が見て取れます。

推奨点4：脊髄損傷をした患者は、脊髄の動きを最小限に抑えながら搬送車へと移動させるべきである。仰向けの患者には8-person lift法を、もしくはスクープタイプのストレッチャーを用いてもよい。うつ伏せの患者にはログロールプッシュ法を使ってスパインボードへと移動させるべし。

　これは最後にして防具取り外しに匹敵する、非常に大事な内容です。現行のPosition Statementでは仰向け患者には「とりあえず持ち上げてスライド」、うつ伏せには「ゴロンと転がす」という大まかな指定のみ書かれていましたが、[2] 今回の改訂版では仰向け患者には「（持ち上げスライド法の中でもとくに）8-person lift法（図5-1）」を、うつ伏せの場合には「（転がすログロール法の中でもとくに）プッシュ法（図5-2）を」という風に、一歩踏み込んだ指定がされています。[3]

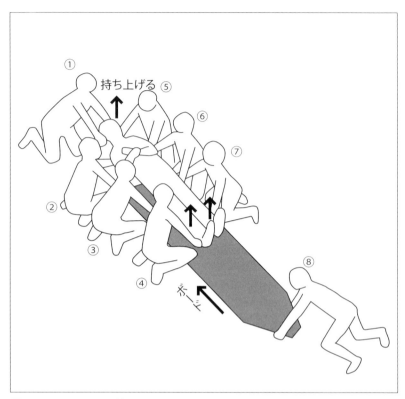

図 5 - 1　8-person lift法

仰臥位

　8-person lift法という名称はここまで一度も出てきませんでしたが、実はこれ、6-plus lift法のことなのです。全く同じテクニックでありながら、6-plus-person（6人以上リフト）という曖昧な表記から必要な人数が明確にわかる8-person lift（8人リフト）へとその名称が変更されることが判明したわけです。バタバタと混乱しやすい非常時に、誤解を招くような表現はなるべく避けようという努力は確かに頷けます。

　以前は患者が仰向けの場合でも、患者の身体を起こすように回転させ、できた隙間にボードを滑らせてから、またゴロンと仰向けに戻す「仰臥位ログロール法」もよしとされていました。しかし、これはよく考えれば二度も患者の身体を転がすことになりますし、その分脊柱に動

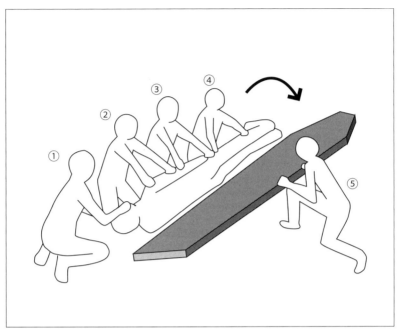

図5-2　ログロール（プッシュ法）

きが生まれるリスクも高まります。

　実際にも複数の研究で頸椎の動きが「好ましくないレベルで起こる」ことが実証され、[4,5)]「仰臥位ログロールは現場から完全に排除されるべきだ」と強い口調で論じられているのが現状です。[5)] 8-person liftが今のところ最も安全な移動法であるというのは、どうやら揺るぎのない事実のようです。[3-5)]

　8-person liftの唯一の短所は8人という大人数が必要な点。[2)]　実施要領[3)]ではstraddle lift-and-slide（患者をまたぐように3人が立ち、患者の身体を垂直に引っ張り上げている間にもう1人がボードを下に滑らせる、合計4人いれば可能なスパインボード法[2)]）の名前は見かけませんでしたが、現場にいる人数がどうしても8人に満たなければ、このテクニックを使わざるを得ない場面が出てくることもあるでしょう。最後の手段としてのこの手法は、おそらく合同声明でも否定はされないのでは、というのが私の個人的な推測です。

背臥位

　患者がうつ伏せ時に使う「背臥位ログロール」は、患者を自分たちのほうに引っ張る（pull）ように回転させるのか、押し出す（push）ように回転させるかで、ログロールプルとプッシュの2種類に大別することが可能ですが、プルとプッシュを直接比較した研究を見てみると、[6,7]「どちらの方法も頸・胸・腰椎の動きが著しくみられたが、どちらかというとログロールプッシュ法（図5-2）のほうがマシだった」という結論が出ています。それを受けて、実施要領[3]でも患者がうつ伏せでどうしても回転させなければいけないならプッシュのほうを使いましょう、と断定するに至ったようです。

　こうして現行のガイドラインと、未来のガイドラインが向かっている方向を見比べてみると、いかに医療界の時代の移り変わりが早いかを実感させられます。7年前にはダメだと言われていたことが、今では逆にやるべきだと謳われるようになるわけですから…。防具の取り外し、スパインボードへの患者の移動法など、我々ATはそのひとつひとつについての新たな知識を取り込み、訓練を積む必要がありますね。

　私の勤務する大学では、毎秋学期に最上級生がEmergency Care Workshop（救急医療ワークショップ）を主催するのが伝統になっています。AT学生の4年生が1～3年生を相手に、講義と実技を交えながら骨折・脱臼、熱中症、心肺停止、頸椎損傷などさまざまな救急の場面に対応できるよう指導し、切磋琢磨するのが目的です。年に最低でも一度はこういった練習の場を設けて、心身ともに鍛えておきたいものですね。

　皆さんは、職場でどんな取り組みをしていますか?

[参考文献]

1) Boden BP, Breit I, Beachler JA, Williams A, Mueller FO. Fatalities in high school and college football players. Am J Sports Med. 2013; 41 (5): 1108-1116. doi: 10.1177/0363546513478572.

2) Swartz EE, Boden BP, Courson RW, et al. National athletic trainers' association position statement: acute management of the cervical spine-injured athlete. J Athl Train. 2009; 44 (3): 306-331. doi: 10.4085/1062-6050-44.3.306.

3) National Athletic Trainers' Association. Executive summary: appropriate prehospital management of the spine-injured athlete (update from 1998 document). http://www.nata.org/sites/default/files/Executive-Summary-Spine-Injury-updated.pdf. June 24, 2015. Updated August 5, 2015. Accessed July 24, 2016.

4) Prasarn ML, Horodyski M, DiPaola MJ, DiPaola CP, Del Rossi G, Conrad BP, Rechtine GR. Controlled laboratory comparison study of motion with football equipment in a destabilized cervical spine: three spine-board transfer techniques. Orthop J Sports Med. 2015; 3 (9): 2325967115601853. doi: 10.1177/2325967115601853.

5) Conrad BP, Rossi GD, Horodyski MB, Prasarn ML, Alemi Y, Rechtine GR. Eliminating log rolling as a spine trauma order. Surg Neurol Int. 2012; 3 (Suppl 3): S188-S197. doi:10.4103/2152-7806.98584.

6) Conrad BP, Marchese DL, Rechtine GR, Horodyski M. Motion in the unstable thoracolumbar spine when spine boarding a prone patient. J Spinal Cord Med. 2012; 35(1): 53-57. doi: 10.1179/2045772311Y.0000000045.

7) Conrad BP, Marchese DL, Rechtine GR, Prasarn M, Del Rossi G, Horodyski MH. Motion in the unstable cervical spine when transferring a patient positioned prone to a spine board. J Athl Train. 2013; 48 (6): 797-803. doi:10.4085/1062-6050-48.5.07.

脳振盪（1）

　あなたは、脳振盪を起こしたことはありますか？
　脳振盪の話を授業で始めるときは、必ずこの質問から始めるようにしています。「したことがある」と手を挙げる生徒、「ない」と首を振る生徒の中で、一番多いのが「わからない」と言う学生です。起こしたことがあるともないとも自信を持って言えない、という子らに、さらに「それはどうして？」と聞いてみると「頭を打ったことがあって、その後気分がちょっと悪くなったけれど、すぐよくなって…、あれは、なんだったのかなと」なんて答えが返ってきたりします。
　「そうだね、お医者さんに脳振盪です、脳振盪ではありません、と言ってもらえたならわかりやすいけれど、医療機関を受診しなかった場合に判断を自分でするのは難しいよね」と私も返した後で、「それではまず脳振盪は何かをしっかりと定義する必要がありそうだけれど、はて、脳振盪って何だろう？　患者さんに『脳振盪って何ですか？』と聞かれたら、皆はどう説明する？」と問いかけます。これに対する学生の反応はさまざまで、実に面白いです。たとえば…。

1. 頭を打ってなるものでしょう？

　これは半分正解、半分不正解です。脳振盪は英語でConcussionと書きますが、これはラテン語の「concutere」が語源と言われており、この言葉は「to shake violently＝乱暴に揺さぶる」という意味を持ちます。[1]
脳振盪の受傷場面といえば、ボクシングで頭にパンチが入ったり、野球でバットやボールが頭に当たったりと「頭部に直接的な衝撃がかかる」

シーンがすぐに目に浮かぶかもしれませんが、たとえば掌底やアッパーカットで顎を打ったり、頸部や胸部にタックルを受けたり、もっと極端な場合には腰にぶつかられて身体を仰け反る際などにも、グワ〜ンと頭部が揺さぶられ、脳が頭蓋骨内で間接的衝撃を受ける場合が十分にあります。[2] 頭部に限らず、身体のどこに衝撃がかかっても、それが結果的に脳に伝わり「乱暴に揺さぶる」だけの力が十分にあった場合は脳振盪を起こし得る…これを勘違いし、「脳振盪は頭をぶつけてなるものだ」とだけ信じている指導者や選手は未だに少なくありません。

「たとえば試合中、脳振盪の疑いで選手をサイドラインで診断をしている最中に、コーチがやって来て『俺は見ていたけれど、こいつは頭は打っていなかった、大丈夫だ』とあなたに言ってくるようなことがあるかもしれない（実際私もあったけれど）」ひときわ声を大きくして学生にはここを強調します。「頭を打つのはあくまで受傷メカニズムの一例でしかないよ。逆に言えば頭を打ったって脳が揺さぶられなければ脳振盪にならないこともあるしね。にっこりコーチに『情報ありがとうございます、でも頭を直接打たなくても脳振盪になることは珍しくないんですよ』と教えてあげなさい、そして惑わされることなく、冷静に診断を続けなさいね」

2. 脳が腫れるんですよね？

脳振盪は脳の中で腫れが起こったり、出血が起きたりする状態のことを指す、と考える学生や一般の方も多くいます。これは事実と全く異なります。脳振盪はあくまで機能的障害であり、構造的な損傷のことを指すのではありません。[2]

「脳振盪という『機能』障害を理解するうえで、皆にイメージしてほしいものがある。それは何かというと、ニューヨーク・マンハッタンの渋滞なんだ」と話し始めると、学生は最初決まって首をかしげます。「たとえば月曜日の朝5時のマンハッタンを思い浮かべてみよう。多分そんなに道に車もなく、流れは比較的スムーズなはず。皆がセントラルパークからバッテリーパークまで車を運転していこう、と思っていたとしたら道の選択肢は何十通りもあるとは思うけれど、比較的容易に、効

率よく、最短の道を選んで最短の時間で目的地に着くことができるはずだ。ここまではいいよね？」

　「問題は金曜日の夕方5〜6時のマンハッタンの交通事情だ。仕事が終わった！　飲みに行こう！　という人で道という道がごった返す。どこもかしこも渋滞だらけ。そんな中でさっきと同様にセントラルパークからバッテリーパークまで行こうと思ったら、あっちの渋滞を避けてこっちの道に…と思ったらこっちも混んでいて全然進まない…それじゃあ向こうの道へ行ってみようかなとルートを変えるけれど、そっちはなんと不運にも事故があったようで通行止め…だからまたグルっと迂回しなきゃいけなくて…。目的地に着く頃にはクタクタだ。皆もそんな経験をしたことがあるでしょう？　30分で着くはずのところが、1時間半かかってしまった、なんてね」

　勘のいい読者の方ならもうご察しのように、「月曜朝5時のマンハッタン」が「健康な状態の脳」なのです。あなたの脳が簡単なタスクの処理をしようと思ったら、たとえば「11＋4」という足し算でもなんでもよいのですけれど、電気のシグナルが脳を駆け巡り、必要な個所をパパパッと明かりをつけるように活性化させていくことでしょう。脳振盪を起こしていない脳の場合、邪魔な車がまわりにいないのですから、最短の時間と最低限の努力で効率よく目的が達成されるわけです。「11＋4は15だ！」という答えに辿り着くのに、きっと1秒もかからないでしょう。

　一方で「金曜夕方のマンハッタン」はさながら「脳振盪を起こしてしまった脳」。余計なシグナルがあたりを走り回り、どの道にも「ノイズ」が溢れています。故に本当に必要な電気シグナルが行く先を邪魔をされ、スムーズに目的地に着けなくなってしまっているのです。いくつもある道すじをあっちでもない、こっちでもない、と行ったり来たりさせられてしまいます。「11＋4が15だ」とわかる頃には倍以上の時間や労力を費やしてしまっていることでしょう。簡単なタスクですら、処理するのにしんどい思いをしてしまう。これはヘルシーではないですよね。

　ここで強調すべきは、道路そのものに構造の問題はない、ということなのです。[2]　あの橋が崩れたとか、あの道が陥没したなどということがあれば、それは脳の血管の損傷や脳細胞の壊死を示すことになるのでし

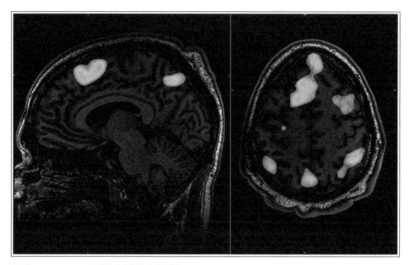

写真 6-1　fMRIで脳の活動を観察。By John Graner, Neuroimaging Department, National Intrepid Center of Excellence, Walter Reed National Military Medical Center, 8901 Wisconsin Avenue, Bethesda, MD 20889, USA [Public domain], via Wikimedia Commons

ょうけれども、ここで話しているのはあくまで「渋滞」。構造上ではなく、機能的な過重負担による処理能力の低下が問題なのです。[2]　腫れや出血がないのですから、これをもう一歩踏み込んで言い換えると脳振盪患者にCTスキャンやMRIの画像診断は無効である、ということにもなります。脳画像を撮っても脳構造に異常が見られないのが「当然」だからです。[2,3]

唯一有効かもしれないと言われている画像診断がfMRI（写真 6-1）というもので、fMRIのfはFunctional（機能的）、つまり、脳の血流の変化から脳のどの部分が使われているか、という脳機能の可視化ができるのがその理由です。[4,5]　診断に関しては次の章でもう少し詳細にお話ができればと思います。

3. ぱったり倒れるやつ！

脳振盪＝意識を失うもの、という認識も正しいものではありません。

統計でも脳振盪が一過性意識消失を伴うケースは全体の5%以下と非常に少ないことが報告されています。[6] ほとんどの患者が受傷後にも意識を保ち、質問にも普通に受け答えが可能であるということを我々は忘れてはなりません。[6]

4. すぐ治ればいいんですよね？

　私などは学生の時分「脳振盪の症状が15分以内に完全になくなれば『軽度』。その場で競技復帰してもよい」と習ったものですが、こういった考えは2016年現在、脳振盪マネジメントから跡形もなくなっています。

　契機となったのは2013年に発表されたThe American Academy of Neurology（AAN、米国神経学会）の脳振盪評価・マネジメントガイドラインで、この中でAANは脳振盪を軽・中・重度と分類することを完全撤廃したのです。[3]「脳振盪は脳振盪、軽度も重度もない」というこの方針は翌2014年発表のNATA Position Statementでも言及されており、「古いカテゴリーに当てはめようとせず、個々の症例に合った評価・治療がなされるべきだ」と書かれています。[7]

　念のため補足しておくと、NATA Position Statementは「患者が完全に脳振盪から回復したあとで医療記録目的で症例を振り返り、軽〜重度と名前をつけることはしてもよい」と表記してあります。しかし、現在進行形の症例ではこういった分類は推奨されていません。

　…が、ここはアメリカでもなかなか浸透されにくいコンセプトで、スポーツ番組でもコメンテーターが「○○選手は軽度の脳振盪を受傷し…」という言葉遣いをするのをまだ頻繁に耳にしますし、「どうして分類しなくなったんですか？」と混乱した学生にもよく聞かれます。「考えてもみてよ、たとえば女性が妊娠したときにさ、『あなたは軽度の妊娠』とか『重度の妊娠』とは言わないでしょ。妊娠してるか、してないかの二択しかない。脳振盪も一緒。妊娠した人の中にもつわりがひどい人、そうでない人、とさまざまだけれど、脳振盪も症状の出方に個人差があるだけで、脳振盪は等しく脳振盪なんだ」という説明をすると、学生はいつもクスリと笑いますが意図を理解してくれるようです。

そもそも脳振盪がどれほど深刻であるかどうかなんて、そう容易に判断できるものではない、という事実もあります。全ての症状が5分以内に消失し、一見「回復」したかのように見えても数時間後に吐き気が出たりするなど、[2] 脳振盪の全体像が見えてくるまでは時間がかかるものなのです。さらに、歩けないほどの頭痛と耳鳴りが3日続くのと、うっすらとした頭痛が4週間続く患者とではどちらを「より深刻」と判断するべきなのか、と言われると、私も正解がなんなのかわかりません。どちらも「脳振盪」で、どちらも「患者にとっては等しく深刻である」と考えるほうが腑に落ちます。

競技復帰と学業復帰に関するガイドライン

AAN、[3] NATA、[7] 国際スポーツ脳振盪学会合同声明[2] 全てで共通した見解が「No same day return-to-play（RTP）」、つまり脳振盪受傷後の同日競技復帰の原則禁止です。

2016年現在、アメリカ50州全てで脳振盪診断・マネジメントに関する法律が制定されており、医療従事者はそれぞれの州の法律を熟知し、従う必要がありますが（私が住むテキサス州の法律はとくに厳しいです）、この3つの非常に影響力のあるガイドライン[2,3,7] が示す競技復帰のステップは脳振盪の疑いが少しでもある場合、まず医師やATなど、脳振盪のトレーニングを積んだ医療従事者の判断を仰ぐこと。次に脳振盪と診断された場合、自覚症状が完全消失するまで身体的・精神的活動を制限することが挙げられます。

脳振盪患者の85〜90%が適切な休養を取ることで7〜10日以内に回復すると言われていますが、まだ成長途中の脳を持つ小〜高校生の年齢の患者は20代以上の成人よりも回復まで時間がかかることが多く、競技復帰にはとくに慎重になるべきだ、と強く謳われています。

そして、1）24時間の無症候期の後、選手は2）最大心拍数の70%未満でできる20分ほどの軽い有酸素運動（ジョギングやステーショナリーバイクなど）を、そして3）競技に特化した運動を通じて（i.e. サッカーならばランニング、アイスホッケーならばスケーティング）もう少し心拍数を上げ、その後に4）他選手と接触のない練習メニューを、それか

ら5）コンタクトを含めた全練習メニューを…という風に練習の強度を徐々に上げていき、全ての練習を症状を感じることなくこなせたら最終的に6）（試合を含めた）完全競技復帰、というGraduated RTP（段階的復帰）に従うべし、と記載されています。

　これら、大まかに分けた6ステップの「段階的競技復帰」は一気に1日で駆け抜けてよいものではなく、次の段階に進むまでに必ず約1日開ける必要があるので、完全競技復帰にはどんなに順調にいっても最低で6日間かかる計算になります。運動前・中・後にかかわらず、選手が何かひとつでも脳振盪の症状（i.e. 頭痛、吐き気や眩暈）を訴えることがあれば、ステップ1の24時間の無症候期を確立するところからやり直しです。この間、学校に通っている学生は宿題やテストなどの学業の負担を調整することも非常に重要で、Return to learn（RTL、学業復帰）というコンセプトも最近はアメリカで徐々に理解が広まりつつある分野です。[8-10] これに関しては、8章で詳しく書きたいと思います。

Second Impact Syndromeの信憑性

　これだけ我々が選手の競技復帰に慎重にならなければいけない理由としてよく挙げられるのが、Second Impact Syndrome（SIS、セカンドインパクト症候群）です。SISは早すぎる競技復帰を許してしまった場合に起こる最悪のシナリオと言われています。[11,12] もし患者が一度目の脳振盪の症状が残っているにもかかわらず競技に参加し、二度目の衝撃（= second impact）を受けたとき、ごく稀に脳が急激に腫れて膨張し、行き場を失った脳がヘルニアを起こして（図6-1）、その結果頭蓋骨を押し上げたり脳幹を圧迫するなどして、非常に短い時間で死に至ることがあるのです。[11,12]

　恐ろしいことに、SISのきっかけになるこの「second impact」は脳振盪を起こした「initial impact」と比較してかなり小さい力であることも多いそうで、胸部にドンと軽い衝撃がかかっただけで起こった症例も報告されています。[12] 脳振盪によって起こった「渋滞」を解消しようとしている脳には10日から14日ほどの「脆弱期間（a window of vulnerability）」が存在し、『ドラゴンボール』シリーズでたとえると10倍

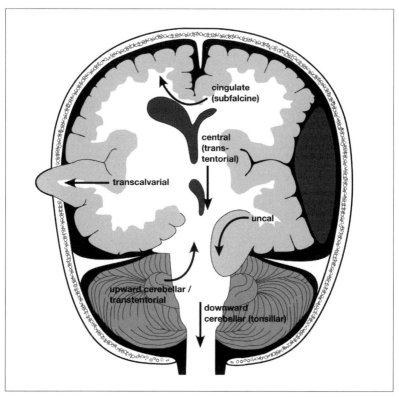

図6-1 脳ヘルニアの概念図。By Brain_herniation_types.svg: User: Delldot derivative work: RupertMillard (Brain_herniation_types.svg) [CC BY-SA 3.0 (http://creativecommons.org/licenses/by-sa/3.0), CC-BY-SA-3.0 (http://creativecommons.org/licenses/by-sa/3.0/) or GFDL (http://www.gnu.org/copyleft/fdl.html)], via Wikimedia Commons

界王拳を使って疲弊しきった孫悟空のように、通常よりも衝撃などに弱い状態になってしまっているのです。[2,3,7)] SIS患者のほとんどは18歳以下の男の子で、[12-15)] Second Impactを受けてから15秒から1分ほど少しボーッとしているように見えた後、[12)] 突然昏睡状態に陥り、2～5分で心肺停止に至る、[11,12)] というのがSISの典型的な進行例なのだとか…。患者の約半数はそのまま死亡、生き残ってもほぼ100％の確率で重度の障害が残ります。[12,13)]

このSISに関し、「これ、本当に存在するんだろうか？」とびっくり

するような疑問を投げかけたのは脳振盪の権威の一人であるMcCrory氏。[16,17] 彼は、1) 既存するSISのエビデンスは世界中でたった17件の報告された症例のみ。2) その17件全てが北アメリカによる文献で、ヨーロッパやアジア、オーストラリア圏での症例は今までにゼロ。たとえばアメリカンフットボールよりも脳振盪受傷率が15倍高いと言われるオーストラリアン・フットボールなどでSISの症例がもっと確認されてもおかしくなさそうなのに、そのような記述は一切ない。3) SISというのは、出血などの構造的な損傷を含まず、あくまで「急激な脳の腫れ」と定義されるが、「SIS」によって死亡した患者を脳を調査すると硬膜下血腫を伴っているケースも多い。直接の死亡原因はむしろこちらにあったのではないか。4) 全17件の症例のうち、実際に「Second mpact」に起因していたのはたったの5件で、それ以外は「First impact」のケガでSISが起こっている。「一発」でも起こり得るのならば、「second impact」という名前は不適切では？　などと独自の論議を展開しています。[16,17]さらに驚くことに、というかなんと言うか、今年発表の最新のシステマティックレビュー2件[14,15] もMcCrory氏の立場を全面的に認め、「現在のエビデンスではSISが確立した障害であると断言しづらい」と、これを擁護する結論を出しています。私個人としても、最初にMcCrory氏の主張を耳にしたときこそ信じられない思いでしたが、こうしてさまざまな論文を読んでみると、なるほど確かに症例自体がそもそも信憑性に欠けるというところは賛成せざるを得ません。McCrory氏の推奨する、より包括的なDiffused cerebral swelling（DCS）、という新たな名称のほうが相応しいかな、と現在は考えています。[16,17] 最近ではアメリカのスポーツ医学の教科書にもSISとともにこの名前が並べられるようにもなっており、[18] SISという呼び名はこれから徐々に姿を消していくかもしれません。

　ただ、ここで誤解していただきたくないのが「なんだ、SISなんて存在しないから、脳振盪の症状があっても無理して復帰してもいいんだ」ではない、ということです。あくまで「SISという名前は最適でないのでは？」「もっと本質に合った名称を課すべきなのでは？」と言うのが専門家間の議論の焦点なのであり、「脳振盪を一度起こした脳には確かに脆弱期間が存在する」「完全に症状が消失してからの段階的復帰しか

認められるべきではない」というのは全専門家に共通した意見です。SISが存在するか否か…これを取り巻く論争はともかくとして、脳振盪からの安易な復帰は絶対に許されるべきではないということを、ここに改めて強調しておきたいと思います。

脳への長期的な影響、
Chronic Traumatic Encephalopathyとは

2015年、アメリカで『Concussion』という映画が公開されました（日本でも2016年秋に公開）。そこで焦点を当てられたのがChronic Traumatic Encephalopathy（CTE、慢性外傷性脳症）と言われる新たな傷害の存在と、NFLの組織ぐるみでの「脳衝撃に対する長期的な影響」の隠蔽でした。

CTEはSISよりも未知のコンセプトで、数多くの大掛かりな研究も今も進んでいる真っ最中ですが、ここまでわかっていることをまとめると、1）CTEは進行性の神経変性症で、繰り返し頭部に衝撃を受けることによって起こる。[20-22] 2）発症した患者の脳は時間をかけて徐々に萎縮し（写真6-2）、Tau protein（タウタンパク質）という特殊なタンパク質が蓄積するのが特徴。[20-22] 3）発症時の症状はアルツハイマー病やパーキンソン病のそれと似ており、記憶障害や言語障害、指先がうまく使えないなどの運動障害に加え、無気力や鬱などの精神障害も報告されている。攻撃的・衝動的になりやすく、発症中・末期に衝動に駆られて実際に殺人・自殺を起こした件も少なくない。CTE患者の多くが自殺で命を落とすと言われている。[20-23] 末期には痴呆の症状も現れる。[23] 4）発症の平均年齢は42.8 ± 12.7歳と、いうならば「中年」で、プロスポーツ選手の場合、引退してから平均8 ± 10.7年後という時期に当たる。[20] 5）1970年代は引退したボクサーによく見られ、「dementia pugilistica」やパンチドランカーという呼び名が使われたこともあったが、現在ではアメリカンフットボール、レスリング、サッカー、アイスホッケーなどに加えて[20,22] ラグビー、野球に軍役（military service）など、[22] 幅広い身体活動での発症が認められている。6）真のPrevalence（有病率）は不明だが、2008年から2010年に死亡した321人のNFL選手のうち、検死解

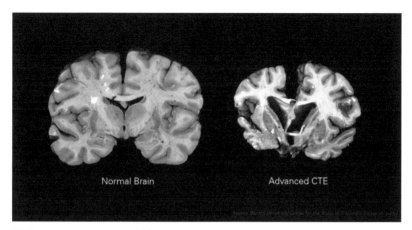

写真6-2　CTEによる脳萎縮。By Boston University Center for the Study of Traumatic Encephalopathy - http://www-tc.pbs.org/wgbh/pages/frontline/art/progs/concussions-cte/h.png, CC BY-SA 4.0, https://commons.wikimedia.org/w/index.php?curid=37222621

剖された12の脳全てでCTEの存在が確認されている、などという点です。[20] 近年の報道ではNFL選手の96%とか、全アメリカンフットボール選手の79%がCTEなのでは…など、高い数字が叫ばれています。[24-26] これはまだ推測の域を出ませんが…。

　脳振盪は、「頭部に受けた衝撃が、脳振盪を起こすのに十分だったか」の黒か白かという二択として判断されることが多いですが、CTEのコンセプトは黒か白かではなく「灰色の蓄積が黒になる」というのがより相応しい印象です。というのも、CTE患者の多く（84%）が生涯平均で17を超える脳振盪の受傷歴があるのに対して（これも恐ろしい数字ですが）、残り16%のCTE患者は一度も脳振盪と診断されたことがなかったのです。[23] これらの患者が脳振盪を受傷したことを、医療従事者や家族にひた隠しにしていた可能性もゼロではありませんが、決して黒とは判断されなかった灰色、つまり、subconcussive impact（脳振盪を起こすほどではなかったが、確かに頭部に加えられた衝撃）の蓄積が原因でCTEになる可能性は十分にある、というのが現在受け入れられている考え方です。[23]

　他に、1回の脳振盪ではCTEにはならず、「蓄積」が発症のカギであ

ること、[23] 進行時にどうやら最低でも4つのステージがあること[23] がわかっていますが、具体的にどの程度の蓄積が発症の境界線なのか、他の先天的・後天的危険因子はあるのか、予防法や治療法があるのかなど、現時点ではわかっていません。

これらの研究をしていくうえで大きな障壁となっていたのが、なんといってもCTEの診断方法でした。今までは、ボストン大学の外傷性脳症研究センターにある「ブレインバンク」が中心となり、脳に含まれるtau proteinを染め上げることなどで診断する「検死解剖」が唯一の手段だったのです。[21,22] まだ生きている相手に「脳のスライスを1つくれ、それで診断するから」と言うのは無理な相談ですから、現在進行形のCTEに関しては全く研究が行えなかったというわけです。故に生きたサンプルを使っての有病率の計算が不可能でした。現在はバイオマーカーの研究がだいぶ進んでおり、いよいよ脳にメスを入れることなく生きた患者の診断が可能になる一歩手前。[27,28] これが実現すればまた爆発的に研究も進むことでしょう。

現在、アメリカでは若く有望なNFL選手が「このまま競技を続けて人生をフイにしたくない」と脳への長期的影響を恐れて引退宣言をしたり、現役のNFL選手やプロサッカー選手が「死後に脳をブレインバンクに寄付する。是非、解剖して研究に役立ててほしい」と明言するなど、脳振盪と脳への長期的な影響への興味や関心は非常に高まっています。脳振盪、SIS（DCS）にCTE…次々と新たなエビデンスが出てくる中で、我々の仕事は現在判明している事柄と、まだまだ解明の余地がある部分をしっかりと見極めること。そして、無駄に不安を煽ることなく、しかし真摯に真剣にアスリートや家族、コーチらとそれらの情報を共有し、ともに理解を深めていくことだと私は考えます。スポーツに参加するうえでリスクはつきものですが、そのリスクの正体を知り、理解したうえで出す決断は、そうでないものよりもはるかに有意義だと思うからです。リスクを隠蔽しようとしていたNFLを相手取って、訴訟を起こした元選手団のうち何人が、このリスクをわかっていたらアメリカンフットボールをやめていたのかな、と考えたりもしますが…。

［参考文献］

1) Ommaya AK, Rockoff SD, Baldwin M, Friauf WS. Experimental concussion: a first report. J Neurosurg 1964; 21 (4): 249-265.

2) McCrory P, Meeuwisse W, Aubry M, et al. Consensus statement on concussion in sport-the 4th international conference on concussion in sport held in Zurich, November 2012. Clin J Sport Med. 2013; 23 (2) 89-117. doi:10.1097/JSM.0b013e31828b67cf.

3) Giza CC, Kutcher JS, Ashwal S, et al. Summary of evidence-based guideline update: evaluation and management of concussion in sports. Report of the guideline development subcommittee of the American Academy of Neurology. Neurology. 2013; 80 (24): 2250-2257. doi: 10.1212/WNL.0b013e31828d57dd

4) Hutchison MG, Schweizer TA, Tam F, Graham SJ, Comper P. fMRI and brain activation after sport concussion: a tale of two cases. Front Neurol. 2014; 5: 46. doi: 10.3389/fneur.2014.00046.

5) Ptito A, Chen JK, Johnston KM. Contributions of functional magnetic resonance imaging (fMRI) to sport concussion evaluation. NeuroRehabilitation. 2007; 22 (3): 217-227.

6) Meeham MP, d'Hemecourt P, Comstock RD. High school concussions in the 2008-2009 academic year: mechanism, symptoms, and management. Am J Sports Med. 2010; 38 (12): 2405-2409.

7) Broglio SP, Cantu RC, Gioia GA, et al. National athletic trainers' association position statement: management of sport concussion. J Athl Train. 2014; 49 (2): 245-265. doi:10.4085/1062-6050-49.1.07

8) Halstead ME, McAvoy K, Devore CD, et al. Returning to learning following a concussion. Pediatrics. 2013; 132 (5): 948-957. doi: 10.1542/peds.2013-2867.

9) Hall EE, Ketcham CJ, Crenshaw CR, Baker MH, McConnell JM, Patel K. Concussion management in collegiate student-athletes: return-to-academics recommendations. Clin J Sport Med. 2015; 25(3): 291-296. doi: 10.1097/JSM.0000000000000133.

10) Aukerman DF, Phillips NR, Graham C. Concussion management in the collegiate athlete. Sports Med Arthrosc. 2016; 24 (3): 130-133. doi: 10.1097/JSA.0000000000000118.

11) Quintana LM. Second impact syndrome in sports. World Neurosurg. 2016; 91: 647-649. doi: 10.1016/j.wneu.2016.04.035.

12) Cantu RC, Gean AD. Second-impact syndrome and a small subdural hematoma: an uncommon catastrophic result of repetitive head injury with a characteristic imaging appearance. J Neurotrauma. 2010; 27 (9):

1557-1564. doi: 10.1089/neu.2010.1334.

13) Weinstein E, Turner M, Kuzma BB, Feuer H. Second impact syndrome in football: new imaging and insights into a rare and devastating condition. J Neurosurg Pediatr. 2013; 11 (3): 331-334. doi: 10.3171/2012.11. PEDS12343.

14) McLendon LA, Kralik SF, Grayson PA, Golomb MR. The controversial second impact syndrome: a review of the literature [published online April 13 2016]. Pediatr Neurol. 2016. pii: S0887-8994 (15) 30112-0. doi: 10.1016/j.pediatrneurol.2016.03.009.

15) Hebert O, Schlueter K, Hornsby M, Van Gorder S, Snodgrass S, Cook C. The diagnostic credibility of second impact syndrome: a systematic literature review [published online January 6 2016]. J Sci Med Sport. 2016. pii: S1440-2440(15)00766-5. doi: 10.1016/j.jsams.2015.12.517.

16) McCrory P. Does second impact syndrome exist? Clin J Sport Med. 2001; 11 (3): 144-149.

17) McCrory P, Davis G, Makdissi M. Second impact syndrome or cerebral swelling after sporting head injury. Curr Sports Med Rep. 2012; 11 (1): 21-23. doi: 10.1249/JSR.0b013e3182423bfd.

18) Starkey C, Brown SD. Examination of Orthopedic and Athletic Injuries. 4th ed. Philadelphia, PA: FA Davis Company; 2015.

19) Noble JM. The long drive ahead to better understanding chronic traumatic encephalopathy: first (case) and 10 (years later). JAMA Neurol. 2016; 73 (3): 263-265. doi: 10.1001/jamaneurol.2015.4297.

20) Gavett BE, Stern RA, McKee AC. Chronic traumatic encephalopathy: a potential late effect of sport-related concussive and subconcussive head trauma. Clin Sports Med. 2011; 30 (1): 179-188, xi. doi: 10.1016/j. csm.2010.09.007.

21) Baugh CM, Stamm JM, Riley DO, et al. Chronic traumatic encephalopathy: neurodegeneration following repetitive concussive and subconcussive brain trauma. Brain Imaging Behav. 2012; 6 (2): 244-254. doi: 10.1007/s11682-012-9164-5.

22) Huber BR, Alosco ML, Stein TD, McKee AC. Potential long-term consequences of concussive and subconcussive injury. Phys Med Rehabil Clin N Am. 2016; 27 (2): 503-511. doi: 10.1016/j.pmr.2015.12.007.

23) Stein TD, Alvarez VE, McKee AC. Concussion in Chronic Traumatic Encephalopathy. Curr Pain Headache Rep. 2015; 19 (10) :47. doi: 10.1007/ s11916-015-0522-z.

24) Breslow JM. 76 of 79 deceased NFL players found to have brain disease. PBS Frontline. http://www.pbs.org/wgbh/frontline/article/76-of-79-

deceased-nfl-players-found-to-have-brain-disease/. Published September 30, 2014. Accessed August 15, 2016.

25) Breslow JM. New: 87 deceased NFL players test positive for brain disease. PBS Frontline. http://www.pbs.org/wgbh/frontline/article/new-87-deceased-nfl-players-test-positive-for-brain-disease/. Published September 18, 2015. Accessed August 15, 2016.

26) Hanna J, Goldschmidt D, Flower K. 87 of 91 tested ex-NFL players had brain disease linked to head trauma. CNN. http://www.cnn.com/2015/09/18/health/nfl-brain-study-cte/. Updated October 11, 2015. Accessed August 15, 2016.

27) Ban VS, Madden CJ, Bailes JE, Hunt Batjer H, Lonser RR. The science and questions surrounding chronic traumatic encephalopathy. Neurosurg Focus. 2016; 40 (4): E15. doi: 10.3171/2016.2.FOCUS15609.

28) Gandy S, Ikonomovic MD, Mitsis E, et al. Chronic traumatic encephalopathy: clinical-biomarker correlations and current concepts in pathogenesis. Mol Neurodegener. 2014; 9: 37. doi: 10.1186/1750-1326-9-37.

脳振盪（2）
脳振盪の評価

　前章では脳振盪の定義やメカニズムなどについて述べましたが、この章では評価について掘り下げていきたいと思います。

脳振盪の諸症状

　脳振盪の症状は多岐にわたります。よく見られる症状もあれば、珍しいものもあります。完全に余談ですが、私が今までで見た一番おかしなものでは、「あのね、さゆり、頭の中でね、ズーッと同じ曲がかかっているの。とても古い曲で、僕はそんな曲を自分が知っていることすら知らなかったんだけれどね、それがズーッとかかっているんだよねぇ」なんて言っていた高校アメフト選手がいましたっけ…。珍しい症状と言えば、意識消失は稀であるということについては前章で言及しましたが、[1] 記憶障害も全体の25％以下と、それほど頻繁には認められません。[1,2] 逆に脳振盪に伴う最も一般的な訴えは頭痛や眩暈なのですが（表7-1）、これは偏頭痛、三半規管障害、低血糖症や熱中症などの他の障害との区別もつ

表7-1　脳振盪患者が訴えることの多い症状トップ10

頭痛	93.4%
眩暈やふらつき感	74.6%
物事に集中ができない	56.6%
混乱、見当識障害	46.0%
視覚的変化や羞明	37.5%
吐き気	28.9%
倦怠感	26.5%
記憶障害	24.3%
騒音への過敏性	18.9%
耳鳴り	10.7%

Meehamらの論文[1]の表2を翻訳、簡略化したもの。集計した544件の脳振盪のうち、各症状が現れた割合を示す

75

きにくく、それだけで脳振盪という評価を下すには不十分です。

　国際脳振盪学会で発表された合同声明には[3]脳振盪には大別して５つのClinical Domains（臨床的分野）がある、と書かれています。それらは、1) 自己報告症状：身体的（例：頭痛）、認知的（例：霞の中にいるような感覚）、精神的（例：情緒不安定）の３種、2) 意識消失や記憶障害などの身体的徴候（所見）、3) 怒りっぽくなったり攻撃的になったりするなどの行動的変化、4) 反応時間の低下、文字や図形の認識能力低下などの認知障害、5) 不眠症や過眠症などの睡眠障害、にまとめられます。つまり、「脳振盪」を評価しようと思ったら、これら５つのDomain全てを漏れなく網羅する多角的な評価方法が、必要不可欠ということになります。１つの分野の症状を見て脳振盪の有無は判断できない、評価は総合的でなければいけないのです。

総合的な脳振盪評価

　具体的に検査すべき項目として、NATA Position Statement では以下の検査群を併用することを推奨しています。[2]

- Self-Report Symptoms（自己報告症状）：「はい」「いいえ」のチェックリスト形式か（例：頭痛がありますか）、各症状の程度・頻度を報告するスケールを使ったもの（例：今、どの程度の頭痛を感じていますか、「0・全くない」から「5・非常に重い」のうちで評価）。
- Motor Control（運動制御能力）：脳振盪受傷後、歩き方、姿勢制御や手の細かい動きに変化が出るので最低でも１つはこの分野のテストを入れる。一番使われることが多いのが姿勢制御を見る目的としてのバランス能力テスト。The Sensory Organization Test の有効性は研究でも実証されており、[4,5] 素晴らしいツールではあるが、お金もかかるし持ち運びもできないため、同様に有効とされる The Balance Error Scoring System（BESS）などが主流になっている。[6,7]
- Mental-Status Test（精神状態テスト）：前述の通り記憶障害の頻度は全体の25％ほどと少ないが、「ここはどこ」「今日は何月何日」などの見当識も確認しておく必要がある。試合中、サイドラインなどで

これを推し測るときにはStandardized Assessment of Concussion（SAC）などを用いるとよい。[6]

- Neurocognitive Test（神経認知テスト）：最近入れられたマイルストーンとなるべき重要な要素。紙とペンを使うものと、デジタル化されパソコンやタブレットなどの端末で実施可能なものとがある。

評価の流れとして、アスレティックトレーナー（AT）はPrimary Survey（第一次調査、CBAつまり脈拍・呼吸の有無確認と気道確保）をした後、頸椎損傷を除外。そのあとで脳振盪診断に入る…とNATA Position Statementに記載されています。その際、「Are you OK？（大丈夫？）」「Can you go？（いけそう？）」という質問は使われるべきではないし、その答えが仮に「はい」だったとしてもそれは脳振盪の評価をしたことにはならない、[2] と書かれている部分が私はとくに素晴らしいと感じており、学生にもいつも強調しています。「軽そう・重そうに見える」という評価者の主観的な印象にかかわらず、疑いが少しでもあればどんな患者にも一貫性を持った脳振盪評価が行われるべきです。

さて、いざ脳振盪疑いを評価しようという際に、これらの項目全てを入れなければいけないとしたら、非常にややこしいことになりそうだと危惧する方もいるかもしれませんが、そんなことはありません。すでにこれらの要素を組み合わせてつくられたTest Battery（テスト群）という便利なものがこの世に存在するからです。最も有名なテスト群は2013年に発表されたSport Concussion Assessment Tool -3（SCAT3）[3] と呼ばれるもので、これは2005年と2009年にそれぞれ発表されたSCAT、SCAT2に代わる改訂版として、現在国際脳振盪学会、[3] NATA、[2] ANN[8] の３団体にともに強く支持されています。ちなみにSCAT3の対象年齢は13歳以上で、３歳から12歳までの患者にはChild-SCAT3を用います。

SCAT3の項目別解説

SCAT3[3]はウェブ上で誰でもアクセス可能な無料文献ですので（日本語版も最近リリースされたそうです）、全文をあえてここに載せることは省きますが、簡単に全８項目の解説をしたいと思います。評価者は

77

「1. Grasgow Coma Scale」で患者の意識レベルをまず確認したうえで（注：ここで異常が見られたら、SCAT3の実施を直ちに中止し、患者を病院に搬送する必要がある）、「2. Maddocks Score（感度32〜75％、特異度86〜100％[9]）」で見当識を評価。そして「3. Symptom Evaluation」で患者が感じている自己申告性症状をリストアップしていきます。SCAT3で用いられている質問項目群はPost-Concussion Symptom Scale（PCSS）とGraded Symptom Checklist（GSC）とを併せ修正したもので（感度64〜89％、特異度91〜100％[8]）、0（ない）から6（非常に深刻）までの数字を使って頭痛や吐き気などの22の諸症状の有無を確認します。次に行う「4. SAC」はたった5〜6分で見当識、記憶力と集中力が試せる、とくに脳振盪除外に有効な優秀なテスト（感度80〜94％、特異度76〜91％[8]）。その後「5. Neck Examination」で頸部の可動域や圧痛を確認し（これは脳振盪の診断というよりは頸椎のケガの評価であると私は理解しています）、BESS（感度34〜64％、特異度91％[8]）もしくはTandem Gait（継足歩行、感度・特異度不明）を用いて「6. Balance Test」を行います。そして最後の「7. Coordination Examination」ではFinger-to-Nose Test（感度・特異度不明）を行い、協調性のある運動が可能か見た後、最後に「8. SAC」に戻って遅延記憶のみを試す…という感じです。それぞれのテストの診断的価値が完璧でないながらも、組み合わせることによって診断力を上げる工夫が見て取れます。

神経認知テスト

　私がもしSCAT3に注文をつけるなら、神経認知テストの割合が非常に少ないところでしょうか。神経認知テストと呼べそうなのが唯一、SACの中にある「数字の逆唱」と「月の逆唱」ですが、「数字の逆唱」は思考を刺激するなかなかに難しいテストなのでよいとして（私は健康時でも6桁がクリアできません）、「月の逆唱」は日本語でやってしまうと英語よりも格段に簡単なのでは、と個人的に感じたりもしています。英語はDecember、November…ですが、日本語だと12月、11月…と数字なので…。

　神経認知テストが少ないという弱点を補強するため、現場では

SCAT3と何かもうひとつ神経認知テストを併用しようというATが多いようです。私の勤務する大学でも例に漏れず、SCAT3とImPACT® Testというコンピュータベースの神経認知テストの両方が全アスリートに実施されています。

ImPACT® Testは図形把握能力、記憶力、判断力、瞬発力などを測る総合的認知テストで、一時期流行った「脳トレ」ゲームのような問題が多いです。たとえば…

- 5×5のマスに1～25の数字が書かれており、25から1まで順番に大→小の順で数字を選んでいく（図7-1）。最後の1をクリックするまでのタイムが計測される。
- 事前に見た図形の中から、「これが見たものかどうか」を判断する（図7-2）。図形が回転している場合もあるので要注意。
- 画面に赤い丸が表示されたらQのキーを、青い四角が表示されたらP

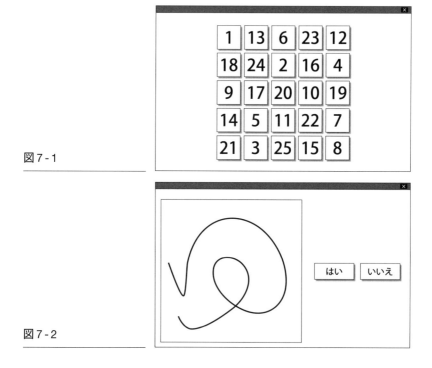

図7-1

図7-2

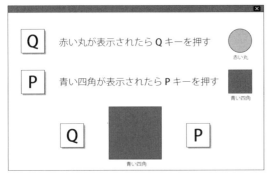

図7-3

図7-4

を押す（図7-3）。反射時間が記録される。
- 文字が示す色と、文字が書かれている色が合っていればクリック（例：赤字で「赤」と書かれている）、合っていなければ何もしない（例：青字で「赤」と書かれている、図7-4）。色彩把握、判断力、反応時間を測る。

　…というように実にさまざまな問題構成で、テスト開始から終了までに約20〜25分を要します。集中して考え続けなければいけないので、健康な状態で受けてもテスト後にはぐったり疲れるほどです。包括的なところは素晴らしいのですが、それが故に選手が長い、面倒くさいと感じ、手を抜いて受ける場合があるという短所も、現場では幾度か経験しました。加えて、有料のサービスなので、経済的余裕がない学校や団体などでの実施は難しいでしょう。ImPACT®のウェブサイト[10]によれば、100人分のテスト権を購入するのに1年で400ドルかかるようです。ち

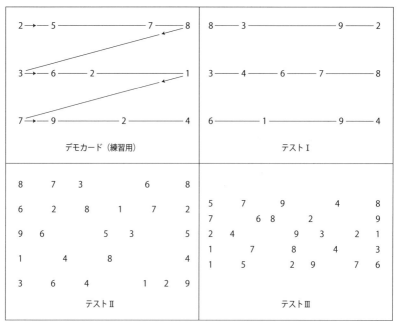

図7-5

　なみに2016年現在、ImPACT®は英語の他にスペイン語、フランス語、ポルトガル語、イタリア語、ドイツ語、スウェーデン語、フィンランド語、ノルウェー語、チェコ語、ロシア語、アフリカーンス語、日本語、中国語（マンダリン）、広東語、ハンガリー語、韓国語の16カ国語で受験可能です。

　もうひとつ紹介しておきたいのが2013年にImPACT®と提携を始め、徐々に知名度が上がってきているKing-Devick (KD) Testです。KD Testは「カードに書かれた数字をいかに速く、正確に読み上げるか」を測ることによって、眼球運動、集中力と注意力、そして言語力を一度に検査することが可能です。[11]図7-5のような3種類のテストカードを使い（左上は練習用デモカード）、テストⅠ、Ⅱ、Ⅲの順に実施、被験者は数字を左から右、上から下の順に目を動かしながら声に出して読み上げ、3枚のカードの読み上げにかかる合計時間を測る、というもので

す。見ての通り、テストⅠからⅡ、Ⅲへと移るにつれ難易度が上がっていきます。2分以下という短い時間でテストを完了できるのがKD Testの強みです。[12]

　このKD Testの妥当性は高校・大学アメリカンフットボール選手、[13,14] 格闘技[15]やラグビー、[16] アイスホッケーの選手ら[17] の間で検証され、脳振盪を受傷した患者は健康な被験者に比べ数字を読み上げるタイムが著しく遅くなる（合計時間にして約5〜19秒ほど長くなる）[13-17] こと、つまりこのテストを使うことで脳振盪患者を正しく見分けることが可能だと報告されています。数字カードは紙のものもiPadなどの端末用もあります。時間の計測にストップウォッチも必要ですが、最近はスマートフォンがあれば十分ですね。この2点さえあれば、いつでもどこでも誰でも実施可能なのもこのテストの利点。サイドラインテストとしての実用性は他のテストよりも頭ひとつ秀でている印象です。

　ImPACT®とKD Testを直接比較した研究では、患者が脳振盪から回復するにつれ、ImPACT®もKD Testのスコアも相関性を持って著しく改善されていく様子が確認され、[18] 近年改めてKD Testの手軽さと高い再現性とが評価されつつあります。眼球運動機能障害は脳振盪患者の多く、65〜90％が経験するとも言われており、[19-21] KD Testだからこそ推し測れる「眼球の運動の速さ・正確さ」と「視覚情報処置」というユニークな能力はなかなか需要が高そうです。KD Testはこれからもさらに普及するのでは…と、私は勝手に予測しています。

ベースラインテストの重要性

　ここまで紹介したテストは、そのパフォーマンスに個人差があって当たり前です。AさんとBくんの点数を比べてAさんの点数が悪いから脳振盪を起こしたに違いないとか、Bくんの点数がよいから競技復帰してもよいだろう、という風に複数の人物を比較する目的で使われるべきではありません。競技開始前の健康な状態で各自が事前にベースラインテストを受け、個人個人の「通常時の点数」を確立したうえで、Aさんの「通常時」の点数とAさんの「脳振盪受傷後」の点数とを比較する

のに使わなければいけないのです。とくに若い被験者は脳そのものがまだまだ発達途中なので、このベースラインテストは可能であれば1年に1回更新させるのが理想です。[2]

　ベースラインテストが重要なのは、SCAT3、ImPACT®やKD Testのみでなく自己報告症状も同じ。たとえば、偏頭痛持ちの選手はいつも頭がうっすらと痛むのが、また貧血の選手は少しの疲労を常に感じるのが、その人にとっての「通常」である可能性も十分に考えられますよね。その人の「通常時」の頭痛や疲労感などを健康時に聞いておき、事前に確立しておくことも、よりスムーズで正確な診断には必要不可欠なのです。

未来の脳振盪診断

　さて、ここまでが「現在推奨されている脳振盪診断法」ですが、皆さんもよくご存じのように医療は日々進化し続けています。現在メインストリームでこそないものの、これから主流になっていくのでは？　というエビデンスが出始めている項目も、是非ここでいくつか紹介させてください。

　最近注目を集めている未来の脳振盪診断手段のひとつが血液検査です。画像診断には出ない微弱な脳の変化を血液検査を介して感知できないかという研究が、ここ10年ほどで驚くほど盛んになってきています。ここまでで11種類を超えるタンパク質、アミノ酸、酵素、ホルモンのバイオマーカーとしての価値がさまざまな実験を通じて検証されていますが、中でも最も研究されているのがS100βというタンパク質。[22] 頭部への衝撃（例：サッカー試合中のヘディング）や脳振盪受傷の頻度に伴ってこの値が著しく上昇することから、脳振盪診断・回復の基準に使えるのではとの期待が高まっています…が、同時にランニングなどの運動でもS100β値の上昇が確認されており、脳損傷以外からも生じる物質であることもわかっています。[22] どのバイオマーカーが最も脳振盪に特異的であり、いったいどのくらいの値を「絶対診断値」に設けるべきなのか…実用にはまだまださらなる研究が必要ですが、可能性は大いに感じられます。

近年、Dual-Task（DT）というコンセプトも大きくなりつつあります。[23] 脳振盪受傷後、姿勢制御や歩行パターンに変化が生まれるのは以前からも言われていたことですが、[2] アスリートというのはそれでなくても代償のプロ。ちょっとした「渋滞」が脳の中で起きていても、なんとかうまくごまかして取り繕えてしまうことがあるようなのです。言い換えれば、脳振盪を受傷した患者に、「歩行してみてごらん」や「バランスをとってみてごらん」と１つのタスクをやらせてみても異常が認められないことも多いと…。１つのタスクで能力低下が如実に出ないならば、２つのタスクを同時にやらせてはどうか、というのがDTの根本的な考え方です。たとえば、片足でバランスをとりながら引き算をさせるとか、一直線に歩きながら四本足の動物の名前を可能な限り挙げてもらうとか…。こうして認知能力にかける負担を少し増やすと、途端にバランスを崩したり、歩みが遅れたり、足元が左右に乱れたりという「脳振盪の影響」が目に見えて出てくる報告が多くあるというのだから面白いです。[23] これも研究が進めば実装は比較的簡単そうです。

　最後に言及しておきたいのが、特殊な目の検査。脳振盪受傷後は眼球のコントロール能力が低下し、患者の約半数にConvergence Insufficiency（CI、輻輳不全）と呼ばれる「近位の物体にうまく焦点を合わせられない」症状が出ることがあります。[24] どういうことでしょう？たとえば、写真7-1のように１つの物体に焦点を合わせた状態で、その物体を鼻先に近づけていくと徐々にいわゆる「寄り目」になっていきますよね。このとき、ギリギリ焦点が合わせられる被験者から物体までの最短距離をNear Point of Convergence（NPC、輻輳近点）と呼びます。眼球運動制御が正常ならNPCは平均で1.53±1.53cmという非常に小さい値になるはずなのですが、CIを併発した脳振盪患者の平均NPCは12.64±8.97cmへ跳ね上がることが報告されているのです。[24] 片方の眼球が目を寄せようという意志に反して外転してしまい（外斜位）、焦点が保てなくなるのが原因と考えられています。[24]

　NPCの増減は脳振盪の諸症状や認知能力の低下とも深い関連性があること、[24] そして、興味深いことにsubconcussive impactにも敏感に反応し、その数値が著しく増加（悪化）することも最新の研究で報告されています。[25] 29人のアメリカンフットボール選手を対象に行ったこの研

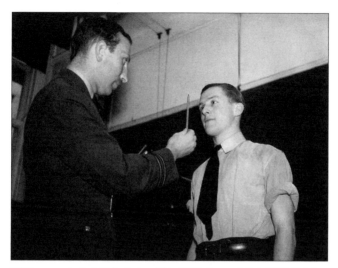

写真7-1 ものを見たまま、それが近づいてくると両眼が寄る。
By Daventry B J (Mr), Royal Air Force official photographer [Public domain], via Wikimedia Commons. https://commons.wikimedia.org/wiki/File:A_medical_officer_conducts_an_eye_test_during_medical_examinations_of_aircrew_candidates_in_London,_May_1940._CH120.jpg

究では、頭部に衝撃を受けやすいポジションの選手は、期間中一度も脳振盪とは診断されなかったにもかかわらず、夏のトレーニングキャンプを通じてNPCがはっきりと悪化、そしてポストシーズンの3週間の休息の後にはベースラインまで数値が戻っていることが確認されています。[25] NPCは subclinical brain damage（潜在性脳障害）を視覚化し、その回復をも見守れる貴重なツールになるのではと期待されています。このあたりの研究は、私も読んでいてワクワクしてしまいます。

[参考文献]

1) Meeham MP, d'Hemecourt P, Comstock RD. High school concussions in the 2008-2009 academic year: mechanism, symptoms, and management. Am J Sports Med. 2010; 38 (12): 2405-2409.
2) Broglio SP, Cantu RC, Gioia GA, et al. National athletic trainers' association position statement: management of sport concussion. J Athl Train. 2014; 49 (2): 245-265. doi:10.4085/1062-6050-49.1.07.

3) McCrory P, Meeuwisse W, Aubry M, et al. Consensus statement on concussion in sport-the 4th international conference on concussion in sport held in Zurich, November 2012. Clin J Sport Med. 2013; 23 (2) 89-117. doi:10.1097/JSM.0b013e31828b67cf.

4) Broglio SP, Macciocchi SN, Ferrara MS. Sensitivity of the concussion assessment battery. Neurosurgery. 2007; 60 (6): 1050-1057.

5) Broglio SP, Ferrara MS, Sopiarz K, Kelley MS. Reliable change of the sensory organization test. Clin J Sport Med. 2008; 18 (2): 148-154.

6) McCrea M, Barr WB, Guskiewicz K, et al. Standard regression based methods for measuring recovery after sport-related concussion. J Int Neutopsychol Soc. 2005; 11 (1): 58-69.

7) McCrea M, Guskiewicz K, Marshall SW, at al. Acute effects and recovery time following concussion in collegiate football players: the NCAA concussion study. JAMA. 2003; 290 (19): 2556-2563.

8) Giza CC, Kutcher JS, Ashwal S, et al. Summary of evidence-based guideline update: evaluation and management of concussion in sports. Report of the guideline development subcommittee of the American Academy of Neurology. Neurology. 2013; 80 (24): 2250-2257. doi: 10.1212/WNL.0b013e31828d57dd.

9) Maddocks DL, Dicker GD, Saling MM. The assessment of orientation following concussion in athletes. Clin J Sport Med. 1995; 5 (1): 32-35.

10) ImPACT® Applications, Inc. Purchase ImPACT website https://www.impacttest.com/purchase/form. Accessed August 28, 2016.

11) Galetta KM, Brandes LE, Maki K, et al. The king-devick test and sports-related concussion: study of a rapid visual screening tool in a collegiate cohort. J Neurol Sci. 2011; 309 (1-2): 34-39. doi: 10.1016/j.jns.2011.07.039.

12) Leong DF, Balcer LJ, Galetta SL, Liu Z, Master CL. The king-devick test as a concussion screening tool administered by sports parents. J Sports Med Phys Fitness. 2014; 54 (1): 70-77.

13) Seidman DH, Burlingame J, Yousif LR, et al. Evaluation of the king-devick test as a concussion screening tool in high school football players. J Neurol Sci. 2015; 356 (1-2): 97-101. doi: 10.1016/j.jns.2015.06.021.

14) Leong DF, Balcer LJ, Galetta SL, Evans G, Gimre M, Watt D. The king-devick test for sideline concussion screening in collegiate football. J Optom. 2015; 8 (2): 131-139. doi: 10.1016/j.optom.2014.12.005.

15) Galetta KM, Barrett J, Allen M, et al. The king-devick test as a determinant of head trauma and concussion in boxers and MMA fighters. Neurology. 2011; 76: 1456-1462.

16) King D, Brughelli M, Hume P, Gissane C. Concussions in amateur rugby

union identified with the use of a rapid visual screening tool. J Neurol Sci. 2013; 326: 59-63.

17) Galetta MS, Galetta KM, McCrossin J, et al. Saccades and memory: baseline associations of the king-devick and SCAT2 SAC tests in professional ice hockey players. J Neurol Sci. 2013; 328: 28-31.

18) Tjarks BJ, Dorman JC, Valentine VD, et al. Comparison and utility of king-devick and ImPACT® composite scores in adolescent concussion patients. J Neurol Sci. 2013; 334(1-2): 148-153. doi: 10.1016/j.jns.2013.08.015.

19) Bazarian JJ, Zhong J, Blyth B, Zhu T, Kavcic V, Peterson D. Diffusion tensor imaging detects clinically important axonal damage after mild traumatic brain injury: a pilot study. J Neurotrauma. 2007; 24 (9): 1447-1459.

20) Lepore FE. Disorders of ocular motility following head trauma. Arch Neurol. 1995; 52 (9): 924-926.

21) Schlageter K, Gray B, Hall K, Shaw R, Sammet R. Incidence and treatment of visual dysfunction in traumatic brain injury. Brain Inj. 1993; 7 (5): 439-448.

22) Papa L, Ramia MM, Edwards D, Johnson BD, Slobounov SM. Systematic review of clinical studies examining biomarkers of brain injury in athletes after sports-related concussion. J Neurotrauma. 2015; 32 (10): 661-673. doi: 10.1089/neu.2014.3655.

23) Lee H, Sullivan SJ, Schneiders AG. The use of the dual-task paradigm in detecting gait performance deficits following a sports-related concussion: a systematic review and meta-analysis. J Sci Med Sport. 2013; 16 (1): 2-7. doi: 10.1016/j.jsams.2012.03.013.

24) Pearce KL, Sufrinko A, Lau BC, Henry L, Collins MW, Kontos AP. Near point of convergence after a sport-pelated concussion: measurement reliability and relationship to neurocognitive impairment and symptoms. Am J Sports Med. 2015; 43 (12): 3055-3361. doi: 10.1177/0363546515606430.

25) Kawata K, Rubin LH, Lee JH, et al. Association of football subconcussive head impacts with ocular near point of convergence. JAMA Ophthalmol. 2016; 134 (7) :763-769. doi: 10.1001/jamaophthalmol.2016.1085.[published online January 6 2016]. J Sci Med Sport. 2016. pii: S1440-2440(15)00766-5. doi: 10.1016/j.jsams.2015.12.517.

16) McCrory P. Does second impact syndrome exist? Clin J Sport Med. 2001; 11 (3): 144-149.

17) McCrory P, Davis G, Makdissi M. Second impact syndrome or cerebral swelling after sporting head injury. Curr Sports Med Rep. 2012; 11 (1): 21-23. doi: 10.1249/JSR.0b013e3182423bfd.

18) Starkey C, Brown SD. Examination of Orthopedic and Athletic Injuries. 4th

ed. Philadelphia, PA: FA Davis Company; 2015.

19) Noble JM. The long drive ahead to better understanding chronic traumatic encephalopathy: first (case) and 10 (years later). JAMA Neurol. 2016; 73 (3): 263-265. doi: 10.1001/jamaneurol.2015.4297.

20) Gavett BE, Stern RA, McKee AC. Chronic traumatic encephalopathy: a potential late effect of sport-related concussive and subconcussive head trauma. Clin Sports Med. 2011; 30 (1): 179-188, xi. doi: 10.1016/j.csm.2010.09.007.

21) Baugh CM, Stamm JM, Riley DO, et al. Chronic traumatic encephalopathy: neurodegeneration following repetitive concussive and subconcussive brain trauma. Brain Imaging Behav. 2012; 6 (2): 244-254. doi: 10.1007/s11682-012-9164-5.

22) Huber BR, Alosco ML, Stein TD, McKee AC. Potential long-term consequences of concussive and subconcussive injury. Phys Med Rehabil Clin N Am. 2016; 27 (2): 503-511. doi: 10.1016/j.pmr.2015.12.007.

23) Stein TD, Alvarez VE, McKee AC. Concussion in Chronic Traumatic Encephalopathy. Curr Pain Headache Rep. 2015; 19 (10) :47. doi: 10.1007/s11916-015-0522-z.

24) Breslow JM. 76 of 79 deceased NFL players found to have brain disease. PBS Frontline. http://www.pbs.org/wgbh/frontline/article/76-of-79-deceased-nfl-players-found-to-have-brain-disease/. Published September 30, 2014. Accessed August 15, 2016.

25) Breslow JM. New: 87 deceased NFL players test positive for brain disease. PBS Frontline. http://www.pbs.org/wgbh/frontline/article/new-87-deceased-nfl-players-test-positive-for-brain-disease/. Published September 18, 2015. Accessed August 15, 2016.

26) Hanna J, Goldschmidt D, Flower K. 87 of 91 tested ex-NFL players had brain disease linked to head trauma. CNN. http://www.cnn.com/2015/09/18/health/nfl-brain-study-cte/. Updated October 11, 2015. Accessed August 15, 2016.

27) Ban VS, Madden CJ, Bailes JE, Hunt Batjer H, Lonser RR. The science and questions surrounding chronic traumatic encephalopathy. Neurosurg Focus. 2016;40(4):E15. doi: 10.3171/2016.2.FOCUS15609.

28) Gandy S, Ikonomovic MD, Mitsis E, et al. Chronic traumatic encephalopathy: clinical-biomarker correlations and current concepts in pathogenesis. Mol Neurodegener. 2014;9:37. doi: 10.1186/1750-1326-9-37.

脳振盪（3）

Physical and Cognitive Rest（肉体的、精神的休息）

　AAN,[1] NATA,[2] 国際スポーツ脳振盪学会合同声明[3] で「No same day return to play（RTP）」、つまり脳振盪受傷患者の即日競技復帰は原則絶対禁止であると述べられていることは6章に論じた通りですが、では効率のよい回復のために、これらのガイドラインが推奨していることとはいったい何なのでしょうか？　何十人という脳振盪の権威を全世界から集め、何日、何週間、何年間もかけて最新の研究結果をもとに話し合って彼らが出した結論は、なんと驚くべきことに…「休息」なのです。

　拍子が抜けるほど質素な回答ですが、お粗末だと侮るなかれ。最新のレポートでは脳振盪受傷後もプレーを続けた患者は、すぐに競技中止し、休息した患者に比べて回復が長引き、RTPまでに21日以上かかる可能性が8.8倍に膨れ上がるとの報告があります。[4] 具体的には、症状が完全消失し、競技復帰できるまでの時間は即中止した患者が平均22.0±18.7日だったのに比べ、競技を続けた選手は平均44.4±36.0日と倍以上（p = 0.003, Cohen d = 0.80）かかったそう。[4] どうやら確かに休息はその後の回復の早さを決める、非常に重要な要素のようです。ここで専門家が言う「Rest（休息）」が、肉体的な（physical）ものを指すのはもちろん、精神的な（cognitive/mental）休息も示唆されている、ということも改めて強調しておきましょう。つまり、飛んだり跳ねたりという運動をしないだけではなく、本を読んだり、映画を観たり、テレビゲームをしたりというような脳の活動も避けるべきというわけです。

意外なことに、この精神的・認知的休息という概念が生まれたのは比較的最近で、それがエビデンスによって実証され始めたのはもっと近年になってから。代表的なのは2012年に発表された症例報告で、脳振盪の症状に13カ月以上も悩まされながらズルズルと学校通いとバスケットボール部の練習を続けていた14歳の女子中学生が、2週間すっぱりと学校を休み、自宅休養したことで症状が9割方回復、その後徐々に普段の生活に戻していき、6週目には症状が完全に消失した状態で学業復帰、8週目には競技復帰できた…というものがあります。[5]

　さらに、335人の脳振盪患者を対象にした前向きコホート研究で、受傷後に読書、宿題、パソコン・携帯電話の使用などを続けた患者と、それらを1日1時間や20分以内に控えた患者では回復の早さが違う、より控えた患者のほうが回復が早かったと報告されたことなどから、やはり精神的休養は重要である、というメッセージが強く印象づけられることになりました。[6]

休養に必ずしも保障されない回復

　脳振盪からの回復に肉体と精神の休息が必要なのは紛れもない事実。症状が残ったままの早すぎる競技・学業復帰は症状を長引かせるものであり、我々医療従事者が最も気を配らなければならないことのひとつです。[7] しかし、難しいことに「休めば休むほどよい」という単純なものでもないようなのです。[8]

　Overactivity（やりすぎ）と同様にUnderactivity（やらなすぎ）も害だ、と報告もされており、[9] 3日以上の休息はエビデンスによって支持されていないではないか、とRest一辺倒の現行のガイドラインを批判する声が専門家らの間で挙がっているのもまた事実です。[9-11]「85〜90%の脳振盪患者が適切な休息によって7〜10日以内に回復する」[3] という有名な謳い文句も、裏を返せば「10〜15%の脳振盪患者は休息だけでは7〜10日以内の回復は見込めない」ということにもなり、こういう「休息に好ましい反応を示さず、症状が長引く患者」には新たにPost-Concussion Syndrome（PCS、脳振盪後症候群）という診断名が足されることになります。

足首や肩、膝のケガの回復の際、何らかの治療方法を試し、様子を見たうえで改善が見られなければ治療方針を変えていくように、休息が脳振盪患者にとって有効でない場合、つまり脳振盪患者がPCS患者に進化を遂げてしまった場合には、休息とは違ったものを試していくのが治療の自然な形なのではないでしょうか。何度も言いますが、受傷後数日間の休息（initial rest）が現在のガイドラインで徹底して推奨されているのは、前述の通り。[14] ただ、休息だっていつでもいつまででも使われればよいというわけではなく、有効なタイミングと長さがあるはずです。[12] 肝心要のはずの休息がもはや「不成功」に終わった場合、それでもただおとなしく症状が消えるのを待たなければいけないというのは、治療者と患者両方にとって非常に酷な状況と言えるのではないでしょうか。

PCS患者の脳で起こっていること

　画像診断の発展に伴い近年わかってきた脳振盪の実態に、「脳振盪患者の脳内では受傷後、一時的に血流（Cerebral Blood Flow、CBF）が低下するようだ」というものがあります（写真8-1）。[13,14] 頭痛や眩暈などの脳振盪の諸症状は、受傷日からガツンと出始め、1日、2日…と時間が経つにつれ緩やかに和らぎ、7～10日後には消失する、という流れが一般的ですが、[1-3] 興味深いことにCBFはまた少し違った時間軸での進行が確認されています。CBFの低下は脳振盪受傷直後から始まり、[13] どうやらそこから1週間以上かけてさらに徐々に悪化するらしいのです。[14]

　実際に脳振盪受傷24時間後と8日後の諸症状を比較した研究では、SCAT3のスコアが時間の経過とともに飛躍的に改善され、8日後にはBaselineに戻っていた（異常が認められなかった）のに比べて、CBFはなんと24時間後よりも8日間後のほうが悪くなっていたと言うのだから驚きです。[14] この「ゆっくりジワジワ起こるCBFの低下」は、6章にも書いた10～14日間続くという脆弱期間（vulnerable window）の存在にも一役買っていると言われています。脳振盪からの機能回復のため、より多くの栄養が脳に必要とされているのに、CBF低下によって血流が制限され、その需要に供給が追いつかない、という代謝障害（Metabo-

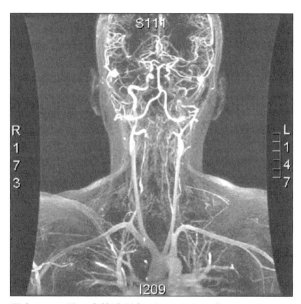

写真8-1 脳の血管造影(写真はイメージ)from Germain Orphanet Journal of Rare Diseases 2007 2:32 doi:10.1186/1750-1172-2-32, [CC BY 2.0 (http://creativecommons.org/licenses/by/2.0)], via Wikimedia Commons

lic disturbance) 状態に陥ってしまうというわけです。[13-15]

　さらに特筆すべきは、多くの脳振盪患者ではこのCBFの低下は一時的なものであるのに、回復が長引いている、つまりPCS患者の脳では慢性的に、長い場合は1カ月以上も続いているようだ、という事実です。[13] 慢性的なCBFの低下は、脳振盪による自律神経の制御の乱れが原因という考え方が一般的で、[16] この説は脳振盪患者の休息時の心拍数が通常よりも高いことからも裏付けられています。[17]

　この観点から先の「休息が思うような効果を生まない」ということを改めて振り返ってみると辻褄が合うことも多く出てきます。たとえば、長い間運動をしないでいるとdeconditioning（活動不足による失調）が起こり、頭部も含む全身の血流がさらに悪くなりますよね。[18] 何日、何週間と学校やチームから離れた生活を送ることで疎外感が大きくなり、鬱病を併発するケースもあるので、自律神経のバランスがさらに乱れる

ことも考えられます。[19] もしかしたら休息を必要以上に長く続けることで「自律神経の乱れ⇔CBFの悪化」の負のスパイラルが転がる雪玉のように大きくなり、PCS患者の「治りきらない」状態をつくっているのかもしれない、という説が、今非常に有力視されているのです。[13-15]

次の選択肢

では、この状況を脱するのにどうしたらよいでしょうか。現在提案・研究されている方法は実にシンプルで、「やりすぎず、やりなさすぎない、ほどよい運動をする」ということなのです。運動は自律神経の制御を整え、血流を改善させ、気分を高揚させる効果があるのだから、前述の「負のスパイラル」を打ち破り、PCS患者を快方に向けるには最適の療法ではなかろうか、と提案したのがLeddyらを中心とした研究チームで、今のところ彼らが確立したエクササイズ・プロトコルは高い成果を上げています。[20-23]

せっかくの機会ですので、このエクササイズ・プロトコルを少し丁寧に解説したいと思います。このプログラムは「Graded Exercise（段階的運動）」または「Subthreshold exercise（閾下運動）」などと呼ばれ、以下の手順を踏みます。[20-23]

(1) The Buffalo Concussion Treadmill Test

まずは、その患者にとって適切な運動強度を見極めるための診断テストを行います。このテストはThe Buffalo Concussion Treadmill Test（BCTT）という名前がついており、その目的は「症状が悪化しないギリギリの閾値となる心拍数を見極める」ことにあります。

まず、患者に禁忌がないことを確認したうえで（表8-1）、心拍数を計測しながら患者にトレッドミル（写真8-2）の上で時速5.2〜5.8km、傾斜0％のペースで歩行を開始してもらいます。スピードは同じに保ったまま、開始から1分後に傾斜を1％に増やし、その後1分ごとに1％ずつ傾斜を上げ、運動の強度をジワジワと上げていく中で、症状が悪化（10段階Visual Analog Scaleにおいて、症状増加値が≧3）、もしくはRating of Perceived Exertion（RPE、自覚的運動強度）が≧17になった

表 8-1 　Leddyら[20-23]が指定する閾下運動プロトコルの禁忌一覧

BCTT の絶対的 / 相対的禁忌	
絶対的禁忌	
既往歴	運動する意欲の欠如；米国スポーツ医学会によって定められた心肺疾患の危険因子
身体検査	局所神経障害；トレッドミルでの歩行・走行に高いリスクが伴うような重度のバランス障害、視覚障害、整形外科的障害
相対的禁忌	
既往歴	βブロッカーの服用；重度の鬱；言語でのコミュニケーション不可
身体検査	トレッドミルでの歩行・走行のリスクを増加させるような軽度のバランス障害、視覚障害、整形外科的障害；休息時の血圧が収縮期 > 140mm Hg もしくは拡張期 > 90mm Hg; BMI ≧ 30 kg/m²

写真 8-2 　トレッドミルを用いた運動（写真はイメージ）[Creative Commons CC0]

らストップ。その時点の心拍数を、その患者の閾値として記録します。

（2）有酸素運動

　テストの翌日から閾値心拍数の80％（エリートアスリートの場合は90％）をターゲット心拍数に設定し、テスト翌日から週に5〜6日、1

日1回のペースで有酸素運動を開始します。脳振盪の専門家の指導の下で行うのが理想的ですが、専門家のいる施設にこの頻度でかかるのも、時間的にもコスト的にも容易ではありませんので、患者はそれぞれのチームに戻り、チーム専属の医療スタッフに監督されながら行う形が推奨されています。

この「有酸素運動」はとくにこれでなければダメ、という指定はないのですが、選択肢としてはトレッドミルやエリプティカルなど…それから、バランス能力低下の可能性と安全面を考慮するなら、最初はステーショナリーバイクから始めてみるのが最も適切かもしれません。運動中、心拍計を使ってターゲット心拍数を超えないように監視し、症状が悪化するか、症状が悪化せずに20分経った時点で運動を終了します。

(3) 再BCTT

前述の通り有酸素運動を定期的に繰り返しながら、2〜3週間ごとに一度のペースで再度BCTTを行い、ターゲット心拍数をその都度修正します。順調にいけば運動強度は徐々に上がっていくはずです。

BCTTは専門家の監視下で行う、時間も人手もそれなりにかかるテストですが、もし現実的にこの頻度でBCTTを繰り返すことが難しい場合には、「専門家と患者が電話で確認し合い、2週間ごとにターゲット心拍数を5から10上げていく方法もありだ」とLeddyは述べています。

(4) 脳振盪からの「回復」

年齢から推測される最大心拍数（220−年齢で求められる）の85〜90％で20分間運動を続けても症状が悪化しないという状態が数日続けば、この閾下運動プロトコルは「完了」。脳振盪から生理学的な回復が見られれば、「PCS」は脱し、通常の「脳振盪患者」に戻った、ということで国際スポーツ脳振盪学会で定められた（6章に言及した）RTPプログラム[3]を開始する流れになります。

まだ症状が残っているのに患者を運動させるといっても歩行ですら抵抗を覚える医療従事者もいるかもしれませんが、このプロトコルの安全性[22]と信頼性は[23]すでに実証されており、今までにこのプロトコルを使用した患者が一時的に症状の悪化を訴えることは稀にあったものの、

これらの訴えはどんなに長くとも翌日にはなくなっています。[24,25] 多少偏った数字かもしれませんが、今までに発表された、Subthreshold Exercise の効果を検証した3つの研究の結果[22,24,25]を併せると、「運動をしてみてはどうか」と提案された総PCS患者192人のうち、6人が「運動に参加しない」ことを自主的に選び、そのうちたった1人（16.7％）が最終的に症状完全消失、競技・職場復帰できたのに対して、「参加する」ことを選んだ186人のうち170人（91.4％）がこのプロトコル参加を通じて症状完全消失、競技・職場復帰を果たした、と報告されています。競技・職場復帰率90％超とは、なかなかに希望が持てる数字です。

　画像診断も併用した研究では、Subthreshold Exerciseが実際にCBFを改善するという結果も出ており、[26,27] さらに高いレベルのエビデンスを検証しようと、今まさにRCT（ランダム化比較試験）も進んでいる真っ最中です。脳振盪治療としての段階的運動は、これからも盛んに研究される分野になることでしょう。

学業復帰

　最後にお話ししておきたいのがReturn to Learn（RTL）、つまり学業復帰というコンセプトです。私は職業柄、今まで診てきた患者は高校生・大学生が中心でしたので、脳振盪からの復帰には学業というハードルもつきものでした。一昔前のATは学業復帰をほとんど考慮せず、運動面の復帰だけを考えていたものですが（少なくとも私自身が学生の頃、この分野に関してはほとんど何も教わりませんでした）、最近では、Cognitive Rest（精神的・認知的休息）とAcademic Accommodation（学習環境の調節）への理解がATの間で広まるにつれ、適切な学業復帰の実現にATが積極的に介入することも多くなってきました。[28]

　RTPポリシーに平行してRTLポリシーを採用する学校も増加傾向にあり、具体的には復帰に際して課題の締め切りを延ばしてもらう（82.7％）、勉強する際頻繁に休憩を挟むようにする（80.2％）、時間制限を設けて（午前中のみなど）授業に出席する（77.6％）などの段階的な学業復帰も運動と同様に行われるべきと考え、実践されるケースが増えてきています。[29,30]

肉体的なストレス同様、認知的ストレスもありすぎもなさすぎもよく
ないという観点から、休み一辺倒でなく「Optimal Cognitive Load」は
どれくらいなのか、つまりどんな量やタイプの認知的ストレスが脳振
盪からの回復に理想的なのかという議論が近年活発に交わされていま
す。[30] 前述した有酸素運動に加え、ATが認知リハビリなどもこれから
盛んに行うようになっていくのかもしれません。[30] その一方で、ATに
かかる負担の増加を懸念する声もあります。[29] 脳振盪に関してATはチー
ムドクター、コーチ、選手とその家族と協力し合い、競技復帰を検討
する「運動面責任者」の義務があるのに加えて、選手が履修している授
業全ての教員とも同時に連絡を取り合い、それぞれの授業全ての進行状
況、課題、試験内容を把握・調節し、学業復帰を目指す「学業面責任
者」までも担わなければならないとなったら、なかなかしんどいものが
ありますよね。[29]

　よって、年度始めに学校専属の看護師、カウンセラーや心理学者と提
携し、RTLポリシーを制作し、実践していく中で教育側にももう一人
バックボーンとなってくれるような責任者を設ける必要性も、最近では
謳われています。[29,30]

　ATが一人で全てをやらなければいけない、ということはないはずな
のです。脳振盪への取り組みが盛んになっていく中で、異なる職種もう
まいこと巻き込み、さまざまな分野で「味方」を増やしていくのも我々
ATの大事な仕事、ということなのかもしれません。

[参考文献]

1) Giza CC, Kutcher JS, Ashwal S, et al. Summary of evidence-based guideline update: evaluation and management of concussion in sports. Report of the guideline development subcommittee of the american academy of neurology. Neurology. 2013; 80 (24): 2250-2257. doi: 10.1212/WNL.0b013e31828d57dd.NATA.

2) Broglio SP, Cantu RC, Gioia GA, et al. National athletic trainers' association position statement: management of sport concussion. J Athl Train. 2014; 49 (2): 245-265. doi: 10.4085/1062-6050-49.1.07.

3) McCrory P, Meeuwisse W, Aubry M, et al. Consensus statement on concussion in sport-the 4th international conference on concussion in sport held in Zurich, November 2012. Clin J Sport Med. 2013; 23 (2) 89-117. doi:

10.1097/JSM.0b013e31828b67cf.

4) Elbin RJ, Sufrinko A, Schatz P, et al. Removal from play after concussion and recovery time [published online August 29, 2016]. Pediatrics. 2016. pii: e20160910.

5) Moser RS, Schatz P. A case for mental and physical rest in youth sports concussion: it's never too late. Front Neurol. 2012;3:171. doi:10.3389/fneur.2012.00171.

6) Brown NJ, Mannix RC, O'Brien MJ, Gostine D, Collins MW, Meehan WP. Effect of cognitive activity level on duration on post-concussion symptoms. Pediatrics. 2014; 133 (2): e299-304. doi:10.1542/peds.2013-2125.

7) Carson JD, Lawrence DW, Kraft SA, Garel A, et al. Premature return to play and return to learn after a sport-related concussion: physician's chart review. Can Fam Physician. 2014; 60 (6): e310, e312-315.

8) Gibson S, Nigrovic LE, O'Brien M, Meehan WP. The effect of recommending cognitive rest on recovery from sport-related concussion. Brain Inj. 2013; 27 (7-8): 839-842. doi: 10.3109/02699052.2013.775494.

9) Majerske CW, Mihalik JP, Ren D, et al. Concussion in sports: postconcussive activity levels, symptoms, and neurocognitive performance. J Athl Train. 2008; 43 (3): 265-74. doi:10.4085/1062-6050-43.3.265.6.

10) Silverberg ND, Iverson GL. Is rest after concussion "the best medicine?": recommendations for activity resumption following concussion in athletes, civilians, and military service members. J Head Trauma Rehabil. 2013; 28: 250-259.

11) Buckley TA, Munkasy BA, Clouse BP. Acute cognitive and physical rest may not improve concussion recovery time. J Head Trauma Rehabil. 2016; 31 (4): 233-241. doi: 10.1097/HTR.0000000000000165.

12) Moser RS, Glatts C, Schatz P. Efficacy of immediate and delayed cognitive and physical rest for treatment of sports-related concussion. J Pediatr. 2012; 161 (5): 922-926. doi: 10.1016/j.jpeds.2012.04.012.

13) Meier TB, Bellgowan PS, Singh R, Kuplicki R, Polanski DW, Mayer AR. Recovery of cerebral blood flow following sports-related concussion. JAMA Neurol. 2015; 72 (5): 530-538. doi: 10.1001/jamaneurol.2014.4778.

14) Wang Y, Nelson LD, LaRoche AA, et al. Cerebral blood flow alterations in acute sport-related concussion. J Neurotrauma. 2016; 33 (13): 1227-1236. doi: 10.1089/neu.2015.4072.

15) Ellis MJ, Ryner LN, Sobczyk O, et al. Neuroimaging assessment of cerebrovascular reactivity in concussion: current concepts, methodological considerations, and review of the literature. Front Neurol. 2016; 7: 61. doi: 10.3389/fneur.2016.00061.

16) Gall B, Parkhouse WS, Goodman D. Exercise following a sport induced concussion. Br J Sports Med. 2004; 38 (6): 773-777.

17) Gall B, Parkhouse W, Goodman D. Heart rate variability of recently concussed athletes at rest and exercise. Med Sci Sports Exerc. 2004; 36 (8) : 1269-1274.

18) Zhang R, Zuckerman JH, Pawelczyk JA, Levine BD. Effects of head-down-tilt bed rest on cerebral hemodynamics during orthostatic stress. J Appl Physiol. 1997; 83 (6): 2139-2145.

19) Pryor J, Larson A, DeBeliso M. The prevalence of depression and concussions in a sample of active north american semi-professional and professional football players. J Lifestyle Med. 2016; 6 (1): 7-15. doi: 10.15280/jlm.2016.6.1.7.

20) Leddy J, Hinds A, Sirica D, Willer B. The role of controlled exercise in concussion management. PM R. 2016; 8 (3 Suppl): S91-S100. doi: 10.1016/j.pmrj.2015.10.017.

21) Leddy JJ, Baker JG, Willer B. Active rehabilitation of concussion and post-concussion syndrome. Phys Med Rehabil Clin N Am. 2016; 27 (2): 437-454. doi: 10.1016/j.pmr.2015.12.003.

22) Leddy JJ, Kozlowski K, Donnelly JP, Pendergast DR, Epstein LH, Willer B. A preliminary study of subsymptom threshold exercise training for refractory post-concussion syndrome. Clin J Sport Med. 2010; 20 (1): 21-27. doi:10.1097/JSM.0b013e3181c6c22c.

23) Leddy JJ, Baker JG, Kozlowski K, Bisson L, Willer B. Reliability of a graded exercise test for assessing recovery from concussion. Clin J Sport Med. 2011; 21 (2): 89-94.

24) Baker JG, Freitas MS, Leddy JJ, Kozlowski KF, Willer BS. Return to full functioning after graded exercise assessment and progressive exercise treatment of postconcussion syndrome. Rehabil Res Pract. 2012;705309. doi:10.1155/2012/705309.

25) Darling SR, Leddy JJ, Baker JG, et al. Evaluation of the Zurich Guidelines and exercise testing for return to play in adolescents following concussion. Clin J Sport Med. 2014; 24 (2): 128-33. doi:10.1097/JSM.0000000000000026.

26) Leddy JJ, Cox JL, Baker JG, Wack DS, Pendergast DR, Zivadinov R, Willer B. Exercise treatment for postconcussion syndrome: a pilot study of changes in functional magnetic resonance imaging activation, physiology, and symptoms. J Head Trauma Rehabil. 2013; 28 (4): 241-249. doi: 10.1097/HTR.0b013e31826da964.

27) Clausen M, Pendergast DR, Willer B, Leddy J. Cerebral blood flow during treadmill exercise is a marker of physiological postconcussion syndrome in

female athletes. J Head Trauma Rehabil. 2016; 31 (3): 215-224. doi: 10.1097/HTR.0000000000000145.

28) Williams RM, Welch CE, Parsons JT, McLeod TC. Athletic trainers' familiarity with and perceptions of academic accommodations in secondary school athletes after sport-related concussion. J Athl Train. 2015; 50 (3): 262-269. doi: 10.4085/1062-6050-49.3.81.

29) Kasamatsu T, Cleary M, Bennett J, Howard K, McLeod TV. Examining academic support after concussion for the adolescent student-athlete: perspectives of the athletic trainer. J Athl Train. 2016; 51 (2): 153-161. doi: 10.4085/1062-6050-51.4.02.

30) McGrath N. Supporting the student-athlete's return to the classroom after a sport-related concussion. J Athl Train. 2010; 45 (5): 492-498. doi: 10.4085/1062-6050-45.5.492.

スポーツ障害予防について考える

　学生にたまに聞く質問に、こんなものがあります。
　「アスレティックトレーナー（AT）の業務の中で、一番大切なものってなんだと思う？」
　我ながらなかなか意地悪な質問です。ATの仕事は大きく5つのドメインに分かれており、その内容は

1. Injury/Illness Prevention and Wellness Protection：傷害・疾病の予防と健康の保護
2. Clinical Evaluation and Diagnosis：臨床評価と診断
3. Immediate and Emergency Care：応急処置と救急処置
4. Treatment and Rehabilitation：治療、リハビリテーション
5. Organizational and Professional Health and Well-being：組織的、職業的な健康と福利

と多岐にわたるからです。[1,2] 学生は「患者の求めるアウトカムの向上のため、適切な治療をすることだ」「スポーツの特性を理解し、スムーズな競技復帰につながるリハビリを提供できることだろう」「いやいや、正しい診断ができなければそれらは無意味だ、だから診断に違いない」「命を守るという観点からは救急だろう」とさまざまな意見を飛ばしてくれるのですが、残念ながらそれらはどれも不正解です。
　「皆の意見はそれぞれとてもいいポイントを突いているけれども、こういう見方はどうだい。そもそもケガや疾患が予防できれば、救急処置も、診断も、治療やリハビリをする必要も全てなくなる。最も効率のよ

い医療は『予防』だと思わないかい。『予防』できたケガは診断しなくていい、治療もしなくていい。選手は身体の心配をすることなく、本来選手の仕事である練習に専念できるし、我々ATは全員が健康ならば腕組んでポケッとただ立って、練習を眺めていればいい。これが私の思い描く、ATの理想の毎日なんだけれど、皆はどう思う？」

　学生は驚いたようにポカンと口を開けています。

　「そんな考えはしたことがなかった？　では今から考え始めてみておくれよ。いいかい、皆が医療機関にかからなければ、と行動を起こすのは、膝が痛いとか咳が出るとか歯がぐらつくとか、自分の身体に不調や異常を認めたときだろう。医師や看護師に理学療法士、カイロプラクター…そういったほぼ全ての医療従事者の仕事は『健康な人』が『患者』に変化した後に始まるんだ。しかし、我々ATというのは選手の医療の全ての側面に関わるというユニークな職種だよね。幸運なことに『選手』が『患者ではない健康な選手』であるうちに、選手一人ひとりのことを、かなり深く知る機会に恵まれている。選手の既往歴、アレルギーの有無、身長・体重といった医療情報ももちろんだし、普段どのくらい笑うとかしゃべるとか、どんな風に走って跳んで、どんなエネルギーで普段スポーツをプレーしているか、とかね」

　「だからこそ、『選手』が『患者』にならず、『選手』であり続けるための『予防』という仕事が担えるんだよ。『日常』を知っているからこそ、選手自身すら見落としてしまっているかもしれない微かな『異常』に気がつける。そしてそれがケガや疾患に形を変える前に介入することが可能なんだ。ここらへんがATという仕事の醍醐味じゃないかな、なんて私は思ったりしてるよ」

軽視されがちな「予防」

　ここまで話して、では実際にATが現場で予防のためにどれだけの時間をかけ、具体的に何をしているかと尋ねると、ムムム…と黙り込んでしまう学生が多いのです。予防というのは、最も重要でありながら、多くのATがもしかしたら最も不得意としている分野であるのかもしれません。

なぜなのかと理由を考えてみると、一番の理由は、成果が目に見えにくいからではないかと私は推測します。ATはただでさえ、選手の治療に手術にリハビリにと、忙しい日々を過ごしています。今日はいくつのケガを診断した、治療した、というのは誰の目にもわかりやすく、記録にも残しやすい「仕事」ですが、1日の終わりに、「今日いったい、ケガをいくつ予防したか」と聞かれると「わからない」と答えるATが大半でしょう。目に見えない、記録に残らない、評価もされない仕事を率先してするのはなかなか困難です。言い換えれば、予防したケガを可視化し、記録できるよう現場のATが少しばかりの努力をする必要があるということになります。では、いったいATはどんな工夫をすればよいのでしょう？

「予防」データを味方につける

　漠然と「ケガを予防したい」と願ってみても、全ての傷害や疾患を予防するのは現実的に不可能です。全て予防できないならば、的を絞るより他ありません。傷害予防の第一歩は現状把握から。まずはチームの中に起こるケガの傾向をデータから割り出し、分析して、とくに頻度が多いケガや深刻な健康被害をもたらす傷害にターゲットを定めましょう。

　たとえば、長距離ランナーを担当しているATにとってはMTSS（Medial Tibial Stress Syndrome）所謂シンスプリントや脛骨疲労骨折を含む一連の下肢のスポーツ障害の発生率を下げることは非常に有意義なことかもしれませんし、[3-7]一方で男子バスケットボールで起こるケガの1/4が足首の捻挫であることを考えると、男子バスケットボールチームのATはそちらに焦点を当てたほうが利益が大きいと言えるでしょう。[8]とくに女性アスリートにとっての脅威には前十字靭帯断裂というケガもあります。このケガは男性に比べて女性の受傷リスクが4～6倍高い他、[9,10]一度受傷すれば復帰まで最低9カ月という長いリハビリ期間、[11]加えて手術をする、しないにかかわらず早期変形性関節症（OA）発症の可能性が10倍に高まるなど、[12]幾重にも重なる波となって患者の人生に影響を及ぼします。とくに受傷率が高いとされる女子レスリング、女子バスケットボール、女子サッカー、女子ラグビーに携わるAT

にとって[13] 前十字靭帯断裂の予防は大きな課題のひとつかもしれません。

　予防したい傷害の的を絞ったら、次にするべきはそれぞれのケガの危険因子となる要因を見極めることです。そうして危険因子を有する「ハイリスク」の選手を早い段階で見定め、その選手を対象にリスクを減らす介入を行うことで、傷害の発生が予防できるのが理想的な流れと言えるでしょう。

　そのうえで、予防できたケガを可視化するには、介入前と介入後のケガの発生率を比較する必要があります。たとえば、介入しなかった去年は前十字靭帯の断裂がチームに4件起こったとして、介入を行った今年はそれが1件のみだったら、件数にして3件の前十字靭帯断裂が予防できたということになります。もちろん、これにはサンプル数のサイズや統計的決定力の大きさなど、もう少し複雑な要素も絡んでくるのですが、単純に考えて…。3件の前十字靭帯断裂という言葉をさらにチーム管理職や経営者にわかりやすく言い換えると、金銭的には約65〜90万円（手術代約20〜30万円＋通院費約10回×平均1500円）の損失を防ぐことができ、さらに9カ月×3人分の27カ月分のプレーの人的損失を免れたということになります。このデータをチーム経営者に示し、「ケガの予防プログラムがこれだけの利益をチームにもたらした」と目に見える形でプレゼンできたとしたら、それは大きな力になると思いませんか。

　数値化した「予防」データを味方につけることで、まわりも予防という医療行為を理解、評価しやすくなるのです。こういった、「予防」分野での我々自身の仕事の見せ方のうまさ、マーケティング能力は、これからの時代、ますます求められるスキルになってくるのではと予想されます。

エビデンスに基づくスポーツ障害予防例：MTSS

　もう少し踏み込んで、具体的なスポーツ障害予防例を見てみましょう。たとえば、MTSSの危険因子はさまざまな文献で数多く挙げられており、大まかにAnatomical（解剖学的）、Training-related（トレーニン

表9-1　MTSS の危険因子

解剖学的要因	Navicular Drop（舟状骨落下）が 10mm 以上、[5,6)] BMI が高い、[5,6)] 股関節外旋[5,6)] または底屈[6)] の可動域が広い
トレーニング関連の要因	急にトレーニングの強度を上げた、硬い地面、もしくは斜面でトレーニングを積んでいる[7)]
既往歴的要因	ランニング経験が浅い、足底板の使用歴あり、シンスプリントの既往歴あり[5)]
性別的要因	女性[5)]

グ関連）、Historical（既往歴）、そしてGender-related Risks（性別的要素）というカテゴリーに大別できます（表9-1）。[5-7)]

　この中で、どうしても変えられない介入不可能な要素というのもいくつか存在します。たとえば女性という性別は、月経に伴うホルモンバランスの変動で骨細胞の順応能力が乱れ、疲労性骨傷害（Stress Reaction）や疲労骨折（Stress Fracture）を引き起こしやすいこと、[5,14)] そして女性特有の走り方も足に負担をかけやすいこと、[15,16)] そして興味深いことに、月経の時期によってその走り方がさらに微妙に変化することも[17)] わかっています。だからといって、性別はそう簡単に変更できるようなものではありませんし、ホルモン注射をしてしまえ、というのも乱暴で非現実的な解決方法です。浅いランニング歴なども、徐々に経験を積んでいくしかありませんから、医療従事者による介入はできません。

　逆に、トレーニング関連の危険因子などは最も介入しやすい要素です。練習時間を短くすること（RR 0.41, 95% CI 0.21〜0.79）、練習頻度を落とすこと（RR 0.19, 95% CI 0.06〜0.66）はいずれもMTSSのリスクを著しく減少させることがわかっています。[18)] 加えて、解剖学的要因もNavicular Drop（舟状骨落下）に対して足底板を用いて舟状骨を支えたり（RR 0.52, 95% CI 0.27〜1.00）、ショックを吸収するタイプの踵クッションを入れることで足にかかる負荷を減らし、ケガの発生を抑えることが可能です（RR 0.67, 95% CI 0.53〜0.85）。[19)]

　一方で、興味深いことにふくらはぎの硬さや背屈制限はMTSSの危険因子ではないことも研究でわかっており、[5)] スタティックストレッチ

105

をしたところでケガのリスクには変化を与えないことも報告されていま
す（RR 0.99, 95% CI 0.37〜2.62）。[19] ただただ盲目的に毎日ストレッチ
を繰り返したところでMTSSの予防に効果がないならば、その時間は
他のことに使ったほうが有意義かもしれない、ということになります
ね。

エビデンスに基づくスポーツ障害予防例2：足関節捻挫

　足首の捻挫予防のためにサポーターを使ったり、テーピングを巻いた
りといったことをスポーツではよくしますが、これらも果たして効果は
あるのでしょうか？　エビデンスを見る限りでは、答えはどうやら「個
人の既往歴による」ようです。もしその選手が足首の捻挫を過去に一度
も受傷したことがなければ、テーピングやサポーターをする意味はあり
ません。[20]「何をどうしても変えることのできない、普遍的な足首の捻
挫リスク」というのは誰にも等しく存在するらしく、足首を一度も捻挫
したことない選手に限っては、この「普遍的リスク」を取り除くことは
どうやっても不可能のようなのです。[20]

　しかし、一度足首を捻挫した患者は80％という高確率で二度、三度
と捻挫を繰り返すようになる、という統計からもわかるように、[21] 捻挫
既往歴ありの選手は、足首捻挫受傷率が「普遍的リスク＋α」で高まっ
ています。そして、この「＋α」のリスクを打ち消すうえで、サポータ
ーやテーピングの使用はどうやらかなり有効なようなのです。複数のシ
ステマティックレビューやメタ分析論文によって[20,22-24] テーピング、サ
ポーターともに足首の捻挫再発を50〜70％減少させる効果があること
は、はっきりと明言されています。

　この例では、もう一歩踏み込んで「実用性」という観点から、さらに
テーピングとサポーターの二択を掘り下げてみましょう。練習1回当
たりのコストから言えば、テーピングにかかる直接的費用は1人1足首
当たり1.37ドル（約140円）なのに対し、サポーターは35ドル（約3600
円）と割高です…が、1シーズン当たり、というスパンで考えると一度
購入してそのままずっと使い続けられるサポーターのほうが、テーピ
ングと比較してそのコストを1/3〜1/25にまで抑えることが可能で

す。[25] さらに、テーピングは運動を始めてから15〜30分で緩んでしまい、同時に効果も薄れると主張する専門家もおり、[26-28] 加えて一人ひとりATがテーピングを毎日巻く労力と、選手が各自サポーターを自分で装着できる手軽さを考えれば、サポーターのほうが実用性がより高い予防手段であると感じるATは少なくなさそうです。

　1回の練習当たりや1シーズン当たりの費用はともかく、実際に足首の捻挫ひとつを予防するのに、どのくらいコストがかかるんだろう？と首を捻る方もいるかもしれませんね。これはNumber Needed to Treat（NNT、治療必要数）というコンセプトを使って求めることが可能です。NNTというのは、○人の患者に特定の治療を施した場合、1人の患者がターゲットとなる疾患やエンドポイントを予防できる、という治療の効果性を数字として示したものです。捻挫既往歴ありの選手に対しては、5〜26人の患者にテーピングもしくはサポーターを用いれば足関節捻挫が1件防げる、と過去の研究から示されており、[25] これをもとに論ずれば、足首のテーピング5回（$1.37× 5 ＝ $6.85、約716円）から26回分（$1.37 × 26 ＝ $35.62、約3600円）、もしくはサポーター1つ分（$35、約3600円）で足関節の捻挫が予防できる計算になります。

　もし実際に捻挫を起こした場合にかかる、医療機関へ行く手間と費用、レントゲンやMRIなどの画像診断のコストなどを考えると、大学やプロ選手を相手に700〜3600円ほどで足関節の捻挫がひとつ予防できるというのは、大いに意味のある投資だと私は感じます。

日頃の心がけも予防につながる

　いろいろややこしいエビデンスも引っ張り出して、ああだこうだと書きましたが、その一方で、実は傷害予防の全てがいちいちこんなに仰々しくなくてもいいのかな、と感じることもあります。

　たとえば私が現場に出て働いていたときには、こんなくだらないことを心がけてやっていました。練習前に「なんか今日、太ももの裏が張ってる」と訴えてきた選手に、筋反射を使って抑制を促し、張りを取って練習に送り出す。無事に選手が練習を終えるのを確認して「よし、今日はハムストリングスの肉ばなれを1つ予防した！」とこっそり心の中で

ガッツポーズを取ってみる。練習中、水休憩のあと床にこぼれた水滴を
さっと拭き取ってくれたAT実習生に「ありがとう、君のお陰で脳振盪
を1つ予防できたよ」と一声かけ、褒めてみる…。他人には笑われてし
まいそうな、実にのどかで間の抜けた私のごくごく個人的な習慣でした
が、こうして予防したケガを勝手に数えて心のノートに記すことこそ
が、小さな小さなスポーツ傷害予防への第一歩なのではないかな、と思
ったりもするのです。

　ケガの予防のために、まわりに少し気を配ってみよう、何かを見つ
け、先手を打とう…という心がけこそが、長期的な傷害予防に必要不可
欠な要素なのかもしれません。皆さんは、明日、いくつケガを予防しま
すか？

[参考文献]

1) Board of Certification. What is an Athletic Trainer. http://www.bocatc.
org/public/what-is-an-athletic-trainer. Published January, 2013. Accessed
November 6, 2016.

2) Japanese Athletic Trainers' Organization. NATA/ATCとは. http://www.
jato-trainer.org/nata-atc%E3%81%A8%E3%81%AF-about-nata-atc/.
Published 2015. Accessed November 6, 2016.

3) Reinking MF, Austin TM, Bennett J, Hayes AM, Mitchell WA. Lower
extremity overuse bone injury risk factors in collegiate athletes: a pilot
study. Int J Sports Phys Ther. 2015; 10 (2): 155-167.

4) Bennett JE, Reinking MF, Rauh MJ. The relationship between isotonic
plantar flexor endurance, navicular drop, and exercise-related leg pain in a
cohort of collegiate cross-country runners. Int J Sports Phys Ther. 2012; 7
(3): 267-278.

5) Newman P, Witchalls J, Waddington G, Adams R. Risk factors associated
with medial tibial stress syndrome in runners: a systematic review and
meta-analysis. Open Access J Sports Med. 2013; 4: 229-241.　doi: 10.2147/
OAJSM.S39331.

6) Hamstra-Wright KL, Huxel Bliven KC, Bay C. Risk factors for medial tibial
stress syndrome in physically active individuals such as runners and
military personnel: a systematic review and meta-analysis. Br J Sports
Med. 2015; 49 (6): 362-369.　doi: 10.1136/bjsports-2014-093462.

7) Craig DI. Medial tibial stress syndrome: evidence-based prevention. J Athl
Train. 2008; 43 (3): 316-318.　doi: 10.4085/1062-6050-43.3.316.

8) Dick R, Hertel J, Agel J, Grossman J, Marshall SW. Descriptive epidemiology of collegiate men's basketball injuries: national collegiate athletic association injury surveillance system, 1988-1989 through 2003-2004. J Athl Train. 2007; 42 (2): 194-201.

9) Hewett T, Zazulak B, Myer G. Effects of the menstrual cycle on anterior cruciate ligament injury risk: a systemic review. Am J Sports Med. 2007; 35 (4): 659-668.

10) Hewett T, Myer G, Ford K. Anterior cruciate ligament injuries in female athletes: Part, mechanics and risk factors. Am J Sports Med. 2006; 34 (2): 299-311.

11) van Melick N, van Cingel RE, Brooijmans F, et al. Evidence-based clinical practice update: practice guidelines for anterior cruciate ligament rehabilitation based on a systematic review and multidisciplinary consensus. Br J Sports Med. 2016; pii: bjsports-2015-095898. doi: 10.1136/bjsports-2015-095898.

12) Kiapour AM1, Murray MM. Basic science of anterior cruciate ligament injury and repair. Bone Joint Res. 2014; 3 (2): 20-31. doi: 10.1302/2046-3758.32.2000241.

13) Prodromos CC, Han Y, Rogowski J, Joyce B, Shi K. A meta-analysis of the incidence of anterior cruciate ligament tears as a function of gender, sport, and a knee injury-reduction regimen. Arthroscopy. 2007; 23 (12): 1320-1325. e6.

14) Bennell KL, Malcolm SA, Thomas SA, et al. Risk factors for stress fractures in track and field atheltes: a twelve-month prospective study. Am J Sports Med. 1996; 24 (6): 810-818.

15) Ferber R, Davis IM, Williams DS. Gender differences in lower extremity mechanics during running. Clin Biomech. 2003; 18 (4): 350-357.

16) Chumanov ES, Wall-Scheffler C, Heiderscheit BC. Gender differences in walking and running on level and inclined surfaces. Clin Biomech. 2008; 23 (10): 1260-1268.

17) Park SK, Stefanyshyn DJ, Ramage B, Hart DA, Ronsky JL. Relationship between knee joint laxity and knee joint mechanics during the menstrual cycle. Br J Sports Med. 2009; 43 (3): 174-179.

18) Yeung SS, Yeung EW, Gillespie LD. Interventions for preventing lower limb soft-tissue running injuries. Cochrane Database Syst Rev. 2011; (7): CD001256. doi: 10.1002/14651858.CD001256.pub2.

19) Rome K, Handoll HH, Ashford R. Interventions for preventing and treating stress fractures and stress reactions of bone of the lower limbs in young adults. Cochrane Database Syst Rev. 2005; (2): CD000450.

20) Verhagen EA, Bay K. Optimising ankle sprain prevention: a critical review and practical appraisal of the literature. Br J Sports Med. 2010; 44 (15): 1082-1088. doi: 10.1136/bjsm.2010.076406.

21) van Ochten JM, van Middelkoop N, Muffels D, Bierma-Zeinstra SM. Chronic complaints after ankle sprains: a systematic review on effectiveness of treatment. J Orthop Sport Phys Ther. 2014; 44 (11): 862-C23. doi: 10.2519/jospt.2014.5221.

22) Raymond J, Nicholson LL, Hiller CE, Refshauge KM. The effect of ankle taping or bracing on proprioception in functional ankle instability: a systematic review and meta-analysis. J Sci Med Sport. 2012; 15 (5): 386-392. doi: 10.1016/j.jsams.2012.03.008.

23) Kaminski TW, Hertel J, Amendola N, et al. National athletic trainers' association position statement: conservative management and prevention of ankle sprains in athletes. J Athl Train. 2013; 48 (4): 528-545. doi: 10.4085/1062-6050-48.4.02.

24) Dizon JM, Reyes JJ. A systematic review on the effectiveness of external ankle supports in the prevention of inversion ankle sprains among elite and recreational players. J Sci Med Sport. 2010; 13 (3): 309-317. doi: 10.1016/j.jsams.2009.05.002.

25) Olmsted LC, Vela LI, Denegar CR, Hertel J. Prophylactic ankle taping and bracing: a numbers-needed-to-treat and cost-benefit analysis. J Athl Train. 2004; 39 (1): 95-100.

26) Larsen E. Taping the ankle for chronic instability. Acta Orthop Scand. 1984; 55 (5): 551-553.

27) Frankney JR, Jewett DL, Hanks SA, Sebastianelli WJ. A comparison of ankle tape methods. Clin J Sports Med. 1993; 3: 20.

28) Trégouët P, Merland F, Horodyski MB. A comparison of the effects of ankle taping styles on biomechanics during ankle inversion. Ann Phys Rehabil Med. 2013; 56 (2): 113-122. doi: 10.1016/j.rehab.2012.12.001.

10

より長く、生き生きとした
アスレティックトレーナーで
あり続けるために

医療を「非日常」から「日常」に

　中学、高校、大学、プロなどのさまざまなレベルのスポーツ選手にとって、アスレティックトレーナー（AT）が「医療への入り口」という役割を果たすことができれば、こんな素晴らしいことはありません。「ねぇ、昨日打ったところ、今日になったら腫れてたんだけれど…」「今日は起きたら腰が痛くなかったよ！」という風に、日々の変化や気になることを毎日気軽に報告、確認できる医療従事者は多くの選手にとって非常に頼もしく、また、医療をグッと身近なものにしてくれる存在なのではないかと思います。

　しかし、だからといって一個人であるATが全ての選手を一人で支えよう、彼らの医療へのアクセスを制限しないよう、いつでも手の届くところにいなければならない、という考えではどうしても無理が出てきてしまいます。比較的環境が整っている印象のアメリカの大学でも、AT1人当たりが担当しているのは平均4チーム、平均87人の選手という報告もあり、[1] これが高校ともなるとAT1人当たり担当する選手数は平均約500人にまで跳ね上がります。[2,3] これだけの数の選手のそばにいつ何時でもいようというのは、仮に分身の術を使えたとしても、とても時間的、物理的に不可能なのです。

裏目に出る献身さ

　近年、ブラック企業という言葉が日本のメディアに登場しない日はあ

111

りませんが、実際に私がアメリカ大学リーグ最高峰と言われる NCAA Division 1 の女子バスケットボールチームで勤務していたときのブラックぶりもなかなかのものでした。たとえば大学バスケットボールの公式シーズンは11月から3月半ばまでの約4カ月半ですが、スタッフにとっては練習時間制限が1週間当たり20時間に跳ね上がる10月頭から3月半ばまでの約5カ月間半が実質体力勝負となる「シーズン」期間。私がその5カ月半でもらえるオフ日は3～5日ほどで、アメリカのサンクスギビング（11月第4週木曜日）やクリスマスが日本で言うお正月やゴールデンウィークにあたる大型連休であることを考えれば少ない数字です。

　シーズン中はバスや飛行機での遠征も頻繁にあり、忙しいときは1週間のうち5日間は家を空けていることも。コーチが直前で練習時間を変更するのも珍しいことではありませんし、早朝・深夜問わず選手から急病やケガの状態の悪化などの連絡があれば最優先で対応しなければいけません。この日の午後は空いているはずだからと友人と会う予定を入れても、急なスケジュール変更でドタキャンしなければならなくなることが重なれば、必然的に遊ぼう、外へ出て息を抜こうという意欲も削がれてきます。女子バスケットボールは大学女子スポーツでも一番の花形スポーツと考えられており、少しでも対応が甘いと感じられれば「この判断は適切だったのか」などとアスレティックディレクター（アスレティックデパートメント、つまり学校内のスポーツ部門の総責任者で、かなりの権限を持つ）から厳しく追及されることもあるので、常に気を抜けないプレッシャーもありました。

　苦労自慢をしたいわけではありません。なぜならこれは私だけのことではなく、多少の違いこそあれ、AT業界共通の境遇だと思うからです。先の文章を頷きながら読んだ同業の方も多いのではないでしょうか？性格が真面目で責任感があるATほど、自らの私生活を犠牲にしてもその身を捧げ、仕事に没頭してしまうことでしょう。そうして自分を追い込みすぎ、自身の体調を崩すような状況になっても、皮肉なことに自分は医療機関にかかっている時間はありませんし、代わりのスタッフもいない場合がほとんどです。こうして文字通り身を粉にして、生命を磨り減らしながら仕事をしていては、心身ともに消耗し続け、いずれ限

界を迎えるのは目に見えています。

ATとBurnout（燃え尽き症候群）

　実際、性別、未婚・既婚、子どもの有無に関係なく、等しく大多数の
ATが、仕事とプライベートのバランスをとることに苦労しており、と
くにその理由としては「不定期で長時間の労働」に対する「待遇」の不
一致、加えて現場での深刻な「スタッフ人手不足」などが訴えられてき
ました。[4,5] もちろん、ATという特殊な仕事にやりがいを感じ、さまざ
まな環境に馴染みやすく、順応力に優れた人材がこの業界に集まってき
ているのもまた事実であるようなのですが、それでも約3人に1人（32
％）というBurnout（燃え尽き症候群）の高さも気になるところです。[6]
このBurnoutに直結している要素としてさまざまな研究で頻繁に挙げら
れるのが、1）職場環境と、2）性別で、1）職場環境はクリニック、企業
勤務よりも高校勤務のほうが、そして高校勤務よりも大学勤務のATの
ほうが著しく高いBurnoutを経験する傾向があることが、[7-10] そして2）
性別は男性に比べて女性のほうが、[7,9] より深刻なBurnout状態に陥りや
すいことが報告されています。

　中でも、女性のほうが「家庭か仕事」という二者択一の状況を迫られ
た場合、選ばなかったほうの選択肢に対して高い罪悪感を抱く、という
考察は個人的に非常に興味深いものでした。[8] 男性のほうが切り替えて
サバサバと仕事に専念できるのに対して、女性のほうがどちらも完璧に
やれる自分でありたいという理想との埋められないギャップがあるの
か、[11] それとも「女性は家にいて、家庭の面倒を見るべき」という社会
的ノルム（社会において暗黙のうちにそうあるべきというような枠組み
のこと）がのしかかるのか[12]…。この思考のプロセスには諸説あり、実
際の葛藤は両方の要素が絡み合った結果のようですが、[13] 女性ATが過
半数を占める今（2015年現在で53％）、[14] こういった問題に見て見ぬふ
りを続けるわけにもいきません。男性も女性も垣根なく、プライベート
と仕事のバランスを守りながら切磋琢磨して働き続けられる環境づくり
が、今まで以上に必要な時代になってきているのです。

加速する若者のAT離れ

こういった環境づくりを怠ったツケが現状であるとも言えるでしょう。統計を見てみると、臨床現場で働くATの数は、男性は25歳から40歳までほとんど変化がないのに対して、女性は27歳から32歳までの間で激減するのだそうです。[15] どのくらいの「激」減かというと、その5年間で一気に約半数に落ち込むほどで、大学勤務のATに限っては、その減少幅は60％を超えます。[15] つまり、27歳から32歳の間で多くの女性ATは結婚して家庭を持つなどしてATの現場を離れ、ATはATでも教育者に移行したり、または一般企業に転職してATから完全に離れてしまっているというわけです。

こんなことを言っている私も典型的な「女性AT」なのかもしれません。30歳で大学という臨床現場を離れ、教育者へ転身…私がそうした決断をしたのは、結婚云々よりは「このままだといよいよ本格的に身体を壊してしまう」という危機感と、「博士課程に行きたいので、それと両立できる仕事を」という夢との相乗が、決定的な理由でしたけれども…。

しかし、自分のことは一度棚に上げて、ここでは書かせてもらいます。とくにこれから学士から修士へとATの必須学位が移行することを踏まえて（1章参照）具体的に考えてみると、学士で4年間、修士で2年間の合計6年間という時間を教育に費やし、平均して25歳前後でATの資格を取得して社会に出たにもかかわらず、27歳から32歳までにそのうち半分の女性がATを辞めてしまうわけで…これを多大なる人材の流出と言わずなんと呼びましょう。6年かけて培った知識と技術を、2〜7年も使わないうちにキャリアを終えてしまうのですから、これは業界の損失として深刻に捉えるべきです。

若い女性のAT離れが起こす悪循環

これには二次的な影響も伴います。女性の半数がそうして若いうちに辞めてしまうと、現場で「うまくバランスがとれた」状態で仕事をしている女性ATの絶対数は必然的に少なくなります。そうなると、若くプ

ロになったばかりの女性ATを支えたり教育したりできるような、お手本となれる女性の先輩ATが不足した状態になってしまうということにもなるのです。お手本になる先輩ATがいないから、新米女性ATは「ああ、やっぱり女性は仕事と家庭を両立できないものなんだ」という印象を決定づけられ、落胆してますます辞めていく、という負のスパイラルが起きているとも考えられるのではないでしょうか。[16]

　若い子のお手本になるといえば、私は正反対のことをしてしまった苦い経験もあります。まだ大学の現場で働いていた頃、当時4年生で卒業を控えていたAT学生に、「私はさゆりがやっていることをできる自信がない、だから大学では働きたくない」と言われたことがあるのです。彼女は今まで指導した学生の中でも一番といっていいほど優秀な子で、私の指導下で1年間実習を積んだ子でした。しかし賢かったからこそ、私が体調を崩しながら歯を食い縛ってシーズンを終えるさまが見えていた。普通の学生にはうまく隠してニコニコ仕事していたつもりでしたが、彼女には見抜かれていたのです。そろそろ就職活動だけれど、どういう現場で働きたいと思っているの、と問うたときにこれを言われて、私は頭をガーンとトンカチで殴られた思いでした。彼女の選択肢を狭めた原因は私なんだろうか、若い芽を摘んでしまったのでは？　と後悔もしました…が、同時に、「いや、彼女の言うことは正しい。私の今の仕事は、他人に胸を張ってお勧めできるような仕事でもなければ、学生に夢を与えるような仕事でもない」とも、しみじみと実感しました。思えば、これが「このままここで働き続けていてはいけない」という方向転換のきっかけになる出来事だった気もしますね。辞表を出したのもこの比較的すぐあとだったかも…。

　少し話が逸れましたが、現在の若い男性ATが現場でバリバリ働くベテラン男性ATの姿を見て「いつか、ああなりたい」と夢を抱くように、若い女性ATはもっと仕事と家庭を両立させて、生き生き働くベテラン女性ATの姿を望んでいるものなのです。[17] 圧倒的な憧れを抱く存在とともに仕事をしながら、その人を模範とし、その人からこの業界を生き抜くノウハウを学ぶのって、若手の醍醐味じゃありませんか！[17] そうして若いうちから「私もきっとああすれば」「こうすれば」と生活に工夫を始める子ほど、この業界に残りやすいのです。[18] そして自分の力で輝

き始めた彼女らは、自分でも気がつかぬうちに、若い子に「ああなりたい」と目指される存在になっていく…。プロフェッショナルとは、こうして発展していくものだと思うのです。

仕事のためにではなく、仕事とともに生きる

　それでも目の前の患者に全てを捧げることこそがATだ、手は抜くことなど許容できない、と思う人もいるかもしれません。私は、そんな風に命を削りながら仕事をするのはただの自己満足であり、自分自身、ひいては職業全体の価値を下げることにつながりかねないと懸念します。倒れるまで仕事をする…そんな歪んだ美学を自分自身に課すのはやめにしましょう。その代わり我々は「この仕事とともにどう生きていくか」という討論をもっと活発に始めるべきなのです。

　「Life is a marathon, not a sprint（人生は短距離走ではない、マラソンなのだ）」という言葉がありますね。120％の力で今を駆け抜けて2～3年でパッタリ倒れるよりは、90％で走り続けて10年、20年と仕事を続けられたほうが、多くの選手を救えると思いませんか？　そして、一人で一気にその旅路を終えるより、少しペースを落としてでも道中で出会う数々の先輩、同胞、そして後輩たちと夢と希望を語らいながら、切磋琢磨してともに知識と技術を分け合いながら進むほうが、長い目で見て「業界の発展に貢献する」ことにつながると思いませんか？

　私は今、こんなことを考えながら仕事をしています。ついつい目の前の仕事にのめり込み、うっかりすると以前の癖でアクセルを踏みっぱなしになってしまいがちなこともあるのですが、あれっ、いけないいけないと気がついて、「それをしてると5年後の未来で待ってくれてる学生のところまで辿り着けないぞ」と自分で自分をたしなめられるだけの歳は取ったようです。

　臨床の現場で活躍されている皆さんにも、今担当されている患者さんや選手さんだけでなく、これから5年先、10年先の未来に皆さんに出会うのを心待ちにしている患者さんがたくさんいるところを想像してみてください。彼らも、目の前の患者さん同様、皆さんの知識や技術を必要としていて、5年後、10年後に皆さんが見たこともない症例を持って待

ち構えているかもしれません。今の力のままでは太刀打ちできないかもしれないけれど、大丈夫、まだ時間はあります。しっかりペース配分をしながら、技術と心を整えながら、彼らに向かって歩んでいきましょう。

　もし、いつか彼らと出会うことができて、私たちが私たちの持てる技術と知識を尽くして最善の仕事ができたなら、きっと彼らはニッコリ笑って「あなたのようなATに出会えてよかった！」と言ってくれるはずなのです。どうか彼らの声を無視しないでください。彼らも今の目の前の選手と同じ、あなたの大事な患者さんの一人なのです。

まわりを巻き込む

　そうは言っても、我々の心構えだけではどうしてもかなわない部分もあります。たとえば、前述したようなスタッフ不足や長時間の労働、そして待遇などは、まわりの人間の理解もなければ変わらない分野です。しかし、だからといって我々が手をこまねいて、組織の管理職や人事、そして世間が我々の仕事を理解してくれるのをただただ待っていても仕方ありません。我々も我々の仕事をうまく売り込む能力…つまり、マーケティングとプレゼン能力を高めていく必要があります。たとえば、9章で書いたような「AT1人雇うことで、これだけのケガが予防できた」であったり、「今回ATが提供したのと同等の治療を、病院や治療院で受ける場合の費用はこれだけになるので、ATを雇用したお陰でセーブできたお金はこれくらい」という風に、データを収集し、数字に置き換えて誰でも理解できるように可視化して、「ATってこれだけ高い利益を呼び込める職業なんですよ」と、我々の仕事を売り込むことは、さらなるATの発展のために必要不可欠です。

　行き当たりばったりの状況をずる賢く利用したっていいんです。今までに何度か経験したのが、アスレティックデパートメント内の他のスタッフや管理職の方が、たまに腰や膝を傷めたりして、「あのう…ちょっと診てもらえる？」とATセンターへ顔を出すケース。こんなとき、我々ATは「ここは選手専用の施設です。我々はすでに十二分に忙しいので、お引き取り願います」とつっぱねることも、「これを機にATと

117

いう職業を知ってもらおう。こういうケガのようですから、こんな治療、リハビリが提供できますよ」と歓迎することもできます。もちろん、後者のほうが「味方」を増やして、我々を取り囲む文化の改善に貢献するであろうことは言うまでもありません。

　たとえば、私は教員をやっていますが、運動生理学やスポーツマネジメント畑の教授から「ゲストレクチャーしてくれる人を探してるんだけれど…スポーツ業界には他にこんな仕事もあるよって、1年生相手に」と声をかけてもらったときには「是非やらせてください！」と時間の許す限りお邪魔させていただくようにしています。学生はもちろん、普段一緒に仕事をする機会が限られている同僚らにATという仕事を知ってもらう何よりの機会だという魂胆からです。

　自分自身の授業を教えているときも、AT学生はもちろん、PTやOT、医師志望の学生にも丁寧に教えることで、「ATってこんな仕事をしてるんだ」とか、あわよくば「ATの知識量ってすごいなぁ、現場での機動力が大きい医療職なんだな」と思ってもらいたい、なんて打算的なことを考えていますよ、私は…。

　医療界で少しでもATという職業を理解してくれる人が増えれば、将来お互いの長所を活かし合った医療のコラボレーションにつながるかもしれないじゃありませんか。我々がこうしてまわりを巻き込む日々の小さな努力を怠らなければ、より多くのATが生き生きと仕事を続けられる世の中がグングン現実のものになってくると思うのです。[19]

最後に

　人生における目標や、物事の優先順位は常に移り変わっていくのはごくごく当然なこと。なので、いろいろ書きはしましたが、ATという職業から離れようと決心を固めている方がいらっしゃったとしたら、この文章を読んでご自分で下した決断に罪悪感を感じないでほしいとも思います。私は逆に、ATの世界から他の世界に移っていく人がいるお陰で、広まる認識や可能性というのもあると思うのです。

　たとえば、膝や肘のサポーターなどスポーツ医療器具メーカーの企画をすることになった元ATが、自身の経験を活かして新たな角度から商

品開発を提案、その業界で「おお、ATってそんな仕事する人たちなんだ」と認知されるとか、政治家になった元ATが、スポーツの安全についての啓発活動を始めたり、スポーツ医療に関する制度の改革に着手するとか…。実はこれのどちらも本当にあった話で、私はこういう一見「異端」と呼ばれそうな人たちこそ、この業界の起爆剤になるのでは、なんて勝手に期待もしているんですよね。

　私もこの職業に足を踏み入れた以上、何らかの貢献をしてから出ていきたいものだなぁと、この歳になって感じています。私は私なりに、より長く生き生きと歩み続けられる道を模索中です。100人いれば100通り、やり方なんていくらでもあるはずです。「Be your own advocate」とはこの業界ではよく言われる文句ですが、まずは仕事をしている自分自身を、ちゃんと自分で好きになるところから始めませんか？　仕事を心から楽しむために、あなたが変えられることは何ですか？　それらに取り組んで、少しずつ自分のまわりの環境に変化が見え始めたら、次はその楽しさを他の人と共有するために、どんなことができますか？

　まずは我々一人ひとりがきちんと真摯にこうした考えに向き合い、ウンウン唸りながら自分たちの仕事と将来について思いを巡らせる時間が必要なのです。そうしてポツポツと生まれるアイデアが、足されてつながって、いつしか大きな渦になって時代を巻き込み、社会を変えていくのだと、私は信じています。

［参考文献］

1) Bradley R, Cromartie F, Briggs J, Battenfield F, Boulet J. Ratios of certified athletic trainers' to athletic teams and number of athletes in south carolina collegiate settings. Sport J. 2015: 4.

2) Rechel JA, Yard EE, Comstock RD. An epidemiologic comparison of high school sports injuries sustained in practice and competition. J Athl Train. 2008; 43 (2): 197–204.

3) Pryor RR, Casa DJ, Vandermark LW, Stearns RL, Attanasio SM, Fontaine GJ, Wafer AM. Athletic training services in public secondary schools: a benchmark study. J Athl Train. 2015; 50 (2): 156-162.　doi: 10.4085/1062-6050-50.2.03.

4) Mazerolle SM, Bruening JE, Casa DJ. Work-family conflict, Part I: Antecedents of work-family conflict in national collegiate athletic

association division I-A certified athletic trainers. J Athl Train. 2008; 43 (5): 505-512.

5) Mazerolle SM, Bruening JE, Casa DJ, Burton LJ. Work-family conflict, Part II: Job and life satisfaction in national collegiate athletic association division I-A certified athletic trainers. J Athl Train. 2008; 43 (5): 513-522.

6) Kania ML, Meyer BB, Ebersole KT. Personal and environmental characteristics predicting burnout among certified athletic trainers at national collegiate athletic association institutions. J Athl Train. 2009; 44 (1): 58-66.

7) Giacobbi PR. Low burnout and high engagement levels in athletic trainers: results of a nationwide random sample. J Athl Train. 2009; 44 (4): 370-377.

8) Eberman LE, Kahanov L. Athletic trainer perceptions of life-work balance and parenting concerns. J Athl Train. 2013; 48 (3): 4116-423.

9) Naugle KE, et al. Perceptions of wellness and burnout among certified athletic trainers; sex differences. J Athl Train. 2013; 48 (3): 424-430.

10) Mazerolle SM, Eason CM, Pitney WA, Mueller MN. Sex and employment-setting differences in work-family conflict in athletic training. J Athl Train. 2015; 50 (9): 958-963. doi: 10.4085/1052-6050-50.2.14.

11) Hakim C. Work-Lifestyle Choices in the 21st Century: Preference Theory. New York, NY: Oxford University Press; 2000.

12) Bruening JE, Dixon MA. Situating work-family negotiations within a life course perspective: insights on the gendered experiences of NCAA division I head coaching mothers. Sex Roles. 2008; 58 (1-2): 10-23.

13) Mazerolle SM, Eason CM. Perceptions of national collegiate athletic association division I female athletic trainers on motherhood and work-life balance: individual- and sociocultural-level factors. J Athl Train. 2015; 50 (8): 854-861. doi: 10.4085/1062-6050-50.5.02.

14) National athletic Trainers' Association. Certified membership. https://members.nata.org/members1/documents/membstats/2015EOY-stats.htm. Accessed December 11, 2016.

15) Kahanov L, Eberman LE. Age, sex, and setting factors and labor force in athletic training. J Athl Train. 2011; 46 (4): 424-430.

16) Mazerolle SM, Eason CM, Ferraro EM, Goodman A. Career and family aspirations of female athletic trainers employed in the national collegiate athletic association division I setting. J Athl Train. 2015; 50 (2): 170-177. doi: 10.4085/1062-6050-49.3.59.

17) Eason CM, Mazerolle SM, Goodman A. Motherhood and work-life balance in the national collegiate athletic association division I setting: mentors and the female athletic trainer. J Athl Train. 2014; 49 (4): 532-539. doi:

10.4085/1062-6050-49.3.03.

18) Mazerolle SM, Gavin K. Female athletic training students' perceptions of motherhood and retention in athletic training. J Athl Train. 2013; 48 (5): 678-684. doi: 10.4085/1062-6050-48.3.05.

19) Goodman A, Mensch JM, Jay M, French KE, Mitchell MF, Fritz SL. Retention and attrition factors for female certified athletic trainers in the national collegiate athletic association division I football bowl subdivision setting. J Athl Train. 2010; 45 (3): 287-298. doi: 10.4085/1062-6050-45.3.287.

11

医療のこれからを担う人たちのために
育成環境の最先端

教育を通じて、職業の土台を広げる

　1章「アスレティックトレーニング教育は修士レベルへ」と、2章「エビデンスに基づいた、の意味するものとは」で触れたように、今、アメリカのアスレティックトレーニング（AT）業界はより一歩上の実践を目指して、大きく舵を切って方向転換をしようとしています。では、これから世に出る次世代のATたちが、ひとつ上のレベルの知識と臨床能力を持って患者と接し、それがごく「当たり前」であるような文化をつくるには、まず何が必要なのか？　私は、教育のレベルをひとつ引き上げ、この職業を支える基盤をより大きく確かなものに形成していくことが何より重要だと考えます。

よりリアリズム（現実味）のある教育を求めて

　とはいえ、「ひとつ上のレベル」の教育とはいったいどういうものなのか…私自身も教育者として試行錯誤する日々が続いています。この事実を暗記したか、あの用語を定義できるかなどの「知識量」はいわゆる昔ながらのテスト形式で検証することが容易ですが、それらを「臨床へ応用する能力」は紙とペンではテストしづらい事柄です。[1-3]　もちろん学期に複数回実技試験も行いますし、その中で特定の症例や状況を示し、「この場合どうするか実践してみよ」と学生に問うてみるわけですが、それでも所詮は「実技試験」。架空の事例であることは明確ですし、試験官と学生の間に独特の緊張感も漂い、なかなか現場の環境をそのまま

再現するというわけにもいかないのが現実です。

　誰も予測し得なかったような、とんでもないケガが時に起こったりするのがスポーツの現場です。ありとあらゆる場面に学生が準備万端で臨めるよう、適切な学習環境と乗り越えるべき壁を提供するには、教育者はどんな工夫をすればよいのでしょう？

　リアリズムを追及するならば、実際の患者と1対1で接しさせ、その生のやりとりを教育者が評価するのが一番であろう、という意見はもっともですし、それがAT学生1人当たりに1学期数百時間という「実習」を積ませている主な理由であるのは間違いありません。しかし、その実習も現場のプロの医療従事者の監督と導きがあってのことです。アメリカにおいて、ライセンスを持たない学生が個人の判断で医療行為をすることは違法とみなされ、法で裁かれるばかりか、その学生は永久に医療ライセンスの受験資格までも失うという、厳しい処罰が下されます。

　実習中に「全て」の症例を学生が診て、判断できるわけでもありません。たとえば、練習中に控え選手に起こった軽い足首の捻挫に対し、現場のプリセプター（現場指導者・臨床監督者）が学生に「診断をして、判断を聞かせてくれ」と促し、知的挑戦を投げかけることがあっても、プレーオフ決勝の大事な場面、試合残り3分同点の場面でエースの選手が捻挫をした場合、いったい何人のプリセプターが学生の判断を仰ぐ余裕があるでしょうか？　さらにもっと救急性の高い、たとえば頸椎損傷疑いや熱中症で意識不明の患者の措置を「力試しだ、やってみて」と学生に任せるなど、もっての他であることでしょう。

　しかし、裏を返せばそういう症例こそが、学生が経験を積まなければいけない最大の領域なのではないか、と私は思うのです。「試合の勝敗を左右する」もしくは「患者の生命に関わる」プレッシャーのかかる急を要する場面で学生が冷静で最善な判断を下せるか…そのcritical thinking（批判的思考法）力こそが、彼らが社会に出るにあたって我々、教育者がきっちり査定しなければいけない事柄なのではないでしょうか。

　Autonomy（自立・自律）とSupervision（監視）の絶妙なバランス。提供したいことと、提供できることのギャップ。学生の真の能力を推し測れる環境づくり。[4]——これらがまさに、今教育者らが直面している

123

ジレンマなのです。[5]「教育カリキュラム」という特殊な空間の中で、いかに「臨床現場」のリアリズムを保ち、さまざまな環境をつくり上げて学生の現場力を伸ばしていくか？　近年発達の著しいテクノロジーを味方につけながら、今アメリカのAT教育の場で徐々に陽の目を見るようになってきた教育トレンドをいくつかご紹介したいと思います。

問われるシミュレーション力

　Virtual Patient（VP、バーチャル患者）という方法が最近注目を集めています。ソフトフェアを使い、画面を介してコンピュータグラフィックで精巧につくりあげられた患者（VP）と学生がやりとりをするというものです。たとえば診察の流れを学ぶモジュールでは、あなた（学生）が扉を開けて診察室に入り、診察台に腰をかけている患者さんに声をかけるところから始まります。問診の際、何を尋ねるかは与えられた選択肢の中から選ぶのではなく、聞きたいことをキーボードを使って打ち込むという方法です。「今日はどうなさいました？」とキーボードを使って打ち込むと、「昨日を腰を傷めてしまって…」と患者から（こちらは音声で）返ってくるという調子。患者にはそれぞれ社会的、経済的、文化的背景（職業や病歴、性格など）と感情がつくり込まれており、「じゃあ、うつ伏せになって」と動いてもらう際に患者が痛みに眉をしかめたりするリアリティーもあります。

　このシステムは、駆け出しの学生が診断の基本的な流れとclinical reasoning（クリニカルリーズニング、臨床推論）を学ぶのに適しています。[6-8]　実際の患者さん相手だと、こちらが「えーとえーと…」と考え込み、会話に間が生まれると妙な空気が流れてしまうものですが、VPはこちらの反応を気長に待ってくれますので、焦る必要もありません。時間をかけて質問を練っても大丈夫、という安心感は、初心者にはありがたいですよね。どんな質問を、どんな順番で聞いていくのが理論立てるのに最もよいか、という自分なりのシステムの構築に持ってこいですし、[6]なによりデジタル世代の最近の学生にはこういったインタラクティブな学びは楽しくワクワクするもののようです。[7]　ゲーム感覚になってしまうのでは？　嘘っぽいんじゃないの？　という懸念の声も聞こえてきそ

うですが、実際に体験した医学生らは総じてVP体験を「believable（現実味が十分にあった）」かつ「appropriately challenging（適度な難易度）」と評したという研究結果もあります。[8] VP体験を通じ、学生が相手の立場でものを考え、患者に共感する能力が向上するという報告もされています。[9]

　VPを使ってCultural Competence（文化的能力）を伸ばせるか、という興味深い研究も目にする機会がありました。[10] アメリカで開発されたVPをドイツ人医学生が教材として使い、「異国から来た患者」としてVPに接することで異文化を学べるかどうか検証した…という、実にユニークなデザインの研究です。結論は、VPは学生のモチベーションを高く保ったまま、文化の違いを学ぶことのできる非常に有効なツールだとのことで、短期海外留学プログラムなどと比較しても、実際に海外に飛ぶよりもはるかに手軽で経済的負担も少なく、悪くないオプションかもしれませんね。ちなみに、VP体験は欧米諸国のみでなく日本の研修医らの教育で実際に使われた報告もあり、こちらでもclinical reasoningと症例要約能力が向上したと結果に記されています。[11]

　VPの用途拡大に可能性を感じている監督の立場の医療従事者も多くいるようです。[12,13] たとえば診断のみでなく、もっと複雑なシナリオ（i.e. 慢性疾患で長期入院する患者に対し、初診→介入→再評価と時間軸を追っていくなど）を採用することで学びに深みもつけられるし、[12] 患者だけでなく、医療チームを丸々バーチャル化することで、同僚・他医療従事者とのやりとりやコラボレーション能力の向上も見込めるのでは、[13] なんて言われています。これから進歩が著しいこと間違いない、注目の領域です。

よりリアルに、患者を標準化する

　Standardized Patient（SP、標準模擬患者）という言葉を聞いたことがある方もいるでしょうか。こちらはバーチャルではなく、生身の人間を相手に顔と顔を向かい合わせて行う教育法ですが、非常にユニークなのが「演技指導し、完璧に患者役を演じきれるようトレーニングされた一般の人を模擬患者として使う」という点です。[14-17] 幸運なことに昨年、

125

私自身SP体験・研究の第一人者であるDr. Armstrong（Indiana State UniversityのATプログラム・ディレクター）から直接指導を受ける機会があったので、感想も交えながら詳しく解説していきたいと思います。

SP体験は、以下のように準備されます。[17]

1. 指導者（ライセンスを持つ医療従事者）がSP用症例シナリオを構成する。
2. ボランティア・希望者を募り、SPトレーニングを行う（1回1～2時間のセッションを2～5回ほど、数週間かけて）。
3. SPと学生のエンカウンター（模擬診察）の場が設けられる。
4. 学生のパフォーマンスについて、指導者とSPからフィードバックが与えられる。

シナリオ作成時には、もちろん症例に関して細部まで決めなければなりません。

- ケガのメカニズム
- 症状がどのように始まったか、その進行具合、頻度、箇所、描写など
- 何をすれば症状が悪化・改善するか

という問診の内容から、その後の身体検査で見えてくる

- 姿勢（i.e. 診察室の椅子にどう座っているか）や動きの癖
- 触診による圧痛の有無やその個所
- ROM、MMT、神経テスト、スペシャルテストの結果
  （血圧や体温など、再現しきれないところはもちろん数値を口頭で伝えます。）

といった詳細もです。それ以外にSPの名前、年齢、性別に家族構成、趣味に性格など、直接今回の症例に関係のない「リアルな人物像」を構成する要素もここで設定されます。

SPとしてトレーニングを積む対象となり得るのは教職員、現場で働く医療従事者、他医療学生や他学部の学生などさまざまですが、[14] 興味深いことに医療の知識がない人物のほうが一貫性のある「演技」が可能というデータもあるとのこと。[16] Dr. Armstrong曰く、「演劇科の学生とは利害関係が一致することが多く、よくお世話になっているよ。キャラクターをつかむのがうまいし、向こうも向こうでこういった経験を履歴書に書けるからね」だそう。「僕は予算があるからSPをしてくれる人に少しの謝礼が出せるけれど、それが難しい場合『原因不明の痛みを抱えてませんか？　プロジェクトに参加してもらえれば、プロのATが無料で診断します！』というチラシをつくって、僕が後で個別に診断するという形を取ったこともあるよ。ものすごい希望者が殺到したよ」とも教えてくれました。

　さて、医療従事者に演技指導を直接受け、トレーニングを積んだSPたちは、誰が相手でも、同じ質問に対して同じように答え、同じ触診に同じように反応するようになります。つまり、彼らの返答・反応は「standardized、標準化」されているわけです。[15] この徹底した一貫性がsimulated patientとstandardized patientの決定的な違いです。[15]

　学生がSP相手に診断を行う際、その流れだけでなく、自らの表情、口調や身振り、手振りといった細かい事柄にも気を払わねばならなくなります。つまり、VPでは推し測れなかったInterpersonal skill（対人スキル）の向上につながるわけです。[14]「それは大変でしたね」と患者の気持ちを尊重する態度を示したか、しっかり目を見て受け答えをしたか、治療介入プランニングの際、そこに至る理由や背景をしっかりSPに説明したかなど、コミュニケーション能力をより深いレベルで推し測ることができます。[17] Encounterの間、指導教官は同室かモニターを介して別室で学生の診断の様子を観察します。なお、環境が許すならば、患者とのよりリアルな空間を再現するために別室のほうがより好ましいそうです。診断が終了次第すぐに学生を呼んで感想を共有するわけですが、その際、指導教官は「医療」という観点からフィードバックを与えられますし、SPも呼んで彼らから「この口調だと彼女には少しキツく感じるんじゃないかな」などと患者の立場から感想を言ってもらうのもよいですね。[16] このフィードバックの早さもSP体験には欠かせない重要

127

な要素です。[16)]

　シナリオは想像力さえあればどんなものでも再現できます。頸椎損傷や心肺停止などの救急の症例も訓練可能ですし、性病感染や大きな大会直前のケガなど、対応の難しいセンシティブな症例を学ばせることも…。[14)] 可能であればSPと学生のEncounterを動画録画し、学生に再度見返させることで個々の課題を浮き彫りにさせるのもよいでしょう。「失敗した」と学生が感じた症例は、「ではどうすればよかったのか」とともに作戦を練り直して再度挑戦させてあげることもできます。[14)] 学生にはよいイメージを残して次のシナリオに進ませるのが理想的ですし、だからこそ与えられるチャンスは多くてもよいものだと私は思います。

　実際にこれらを体感してみて感じたのは、「シナリオ作成とトレーニングに費やす労力と時間は確かに多大だけれど、複数の教職員が協力し合える環境と、一度トレーニングしたSPらを複数年使える継続性が保てれば大いに価値のある投資になる」ということでした。きちんと訓練を積んだSPによる症例描写のリアリズムはなかなかのもので、SP体験をした98％の学生が「本物の患者そのものに思えた」[18)] と答えたり、実際に本物の患者と見分けがつかなかったというのも納得です。何千万円もの予算をかけ、最新機器を取り入れたシミュレーションラボを構築できない、たとえばうちのような比較的小さな大学にとっては、SPのような比較的、経済的負担の少ないメソッドが医療教育の柱になっていくことは間違いないでしょう。この経験は絶対現場で活きる自信につながると力強く語る学生らの言葉からも、この教育法の将来性は非常に高いと言えそうです。[19)]

形を変え続けるこれからの教育

　ミレニアル世代からジェネレーションＺへと学生の世代も移り変わり続ける中、教育が彼らの「学び」のスタイルに合うように変化していくのは至極当然のことです。[20)] 教師が教壇に立ってしゃべり、学生が黙々とノートを取るという、所謂「伝統的（traditional）な授業」は近年激減しつつあります。その一方で、デジタル世代の学生の趣向に合わせ、学生が各自自宅で講義の動画をオンラインで視聴し、ある程度知識を積

128

んだ状態で授業に出席し、アクティビティーや討論を中心に授業を行ったり、教師の代わりに学生が授業をリードしたりする、Flipped Classroom（反転授業）というモデルも非常にポピュラーになってきています。[21,22] 教育カリキュラムが年々濃密になる中で、そもそも限られた授業時間で全て教えようとするから無理が出るのではないか、授業外の時間を有効に使うことで、授業時間内の生産性をもっと高めよう、受け身の授業を減らそう…というのがこれらの授業スタイルの狙いです。

　実際学生もFlipped ClassroomのほうがTraditional Classよりも高いモチベーションを持って授業に参加する、テストでもより高い点数を取れ知識の合成・応用がうまくなる、臨床スキルが上がると報告されています。[23-25] 私も今学期教えているスポーツ薬学の授業で反転形式を採用していますが、一歩間違うとドライになりがちなこの科目も、基本コンセプトを応用したアクティビティーを多用することで授業中にも「じゃあこれは？　あれは？」と質問が飛び交い、オンライン講義も「なぜ？　どうして？」と自問しながら視聴する、それらの質問を授業に持ってくる、授業中の議論がより活発になる…と今のところよい循環がつくれているという手応えがあります。

　「このシナリオに適切なリハビリエクササイズを選び、患者に正しく指導している動画を撮って提出せよ」や、「患者が家でも閲覧できるよう、処方されたこれらの薬を摂取するうえでの注意点をまとめたウェブサイトを作成せよ」などのテクノロジーの捻りを加えた課題では若い子らの想像力に圧倒されることもあります。解剖学を学ぶうえで、3Dの解剖アプリなども侮れませんよね。授業と授業の間など、暇があればスマートフォン・アプリで解剖学クイズを解いている学生もいたりしますし、最新テクノロジーに怯まず、それらを使いこなし、うまく日常に溶け込ませる若い子らのオープンさには学ぶことも多いです。最近の教育者は、専門分野の知識をアップデートし続けることはもちろん、テクノロジーにも置いていかれないよう努力をしなければいけませんね。

［参考文献］

1) Su WM, Osisek PJ. The revised bloom's taxonomy: implications for educating nurses. J Contin Educ Nurs. 2011; 42 (7): 321-327.　doi:

10.3928/00220124-20110621-05.

2) Weigel FK, Bonica M. An active learning approach to Bloom's Taxonomy. US Army Med Dep J. 2014:21-29.

3) Adams NE. Bloom's taxonomy of cognitive learning objectives. J Med Libr Assoc. 2015 Jul; 103 (3): 152-153. doi: 10.3163/1536-5050.103.3.010.

4) Walker SE, Weidner TG, Armstrong KA. Evaluation of athletic training students' clinical proficiencies. J Athl Train. 2008; 43: 386-395.

5) Hoffman BD. Using self-determination theory to improve residency training: learning to make omelets without breaking eggs. Acad Med. 2015; 90: 408–410. doi: 10.1097/ACM.0000000000000523.

6) Berman NB, Durning SJ, Fischer MR, Huwendiek S, Triola MM. The role for virtual patients in the future of medical education. Acad Med. 2016; 91 (9): 1217–1222. doi: 10.1097/ACM.0000000000001146.

7) Forsberg E, Ziegert K, Hult H, Fors U. Clinical reasoning in nursing, a think-aloud study using virtual patients - a base for an innovative assessment. Nurse Educ Today. 2014; 34 (4): 538-542. doi: 10.1016/j. nedt.2013.07.010.

8) Gesundheit N, Brutlag P, Youngblood P, Gunning WT, Zary N, Fors U. The use of virtual patients to assess the clinical skills and reasoning of medical students: initial insights on student acceptance. Med Teach. 2009; 31 (8): 739-742.

9) Foster A, Chaudhary N, Kim T, et al. Using virtual patients to teach empathy: a randomized controlled study to enhance medical students' empathic communication. Simul Healthc. 2016; 11 (3): 181-189. doi: 10.1097/ SIH.0000000000000142.

10) Walldorf J, Jähnert T, Berman NB, Fischer MR. Using foreign virtual patients with medical students in Germany: are cultural differences evident and do they impede learning? J Med Internet Res. 2016; 18 (9): e260.

11) Heist BS, Kishida N, Deshpande G, Hamaguchi S, Kobayashi H. Virtual patients to explore and develop clinical case summary statement skills amongst Japanese resident physicians: a mixed methods study. BMC Med Educ. 2016; 16: 39. doi: 10.1186/s12909-016-0571-y.

12) Robison DG, Bridges-Catalano J, Matson CC. The role for virtual patients in the future of medical education. Acad Med. 2017; 92 (1): 9. doi: 10.1097/ ACM.0000000000001493.

13) White CB, Wendling A, Lampotang S, Lizdas D, Cordar A, Lok B. The role for virtual patients in the future of medical education. Acad Med. 2017; 92 (1): 10-9. doi: 10.1097/ACM.0000000000001487.

14) Walker SE, Armstrong KJ. Standardized patients, part 1: teaching interpersonal and clinical skills. Int J Athl Ther Train. 2011; 16 (2): 38–41.

15) Armstrong K, Walker S. Standardized patients, part 2: developing a case. Int J Athl Ther Train. 2011; 16 (3): 24–29.

16) Armstrong K, Walker S, Jarriel A. Standardized patients, part 3: assessing student performance. Int J Athl Ther Train. 2011; 16 (4): 40–44.

17) Walker SE, Armstrong KJ, Jarriel A. Standardized patients, part 4: training. Int J Athl Ther Train. 2011; 16 (5): 29–33.

18) Walker SE, Weidner TG. Standardized patients provide realistic and worthwhile experiences for athletic training students. Athl Train Educ J. 2010; 5 (2): 77-86.

19) Armstrong KJ, Jarriel AJ. Standardized patient encounters improved athletic training students' confidence in clinical evaluations. Athl Train Educ J. 2015; 10 (2): 113–121.

20) Shatto B, Erwin K. Moving on from millennials: preparing for Generation Z. J Contin Educ Nurs. 2016; 47 (6): 253-254. doi: 10.3928/00220124-20160518-05.

21) McLaughlin JE, Roth MT, Glatt DM, et al. The flipped classroom: a course redesign to foster learning and engagement in a health professions school. Acad Med. 2014; 89 (2): 236-243. doi: 10.1097/ACM.0000000000000086.

22) Tolks D, Schäfer C, Raupach T, et al. An introduction to the inverted/flipped classroom model in education and advanced training in medicine and in the healthcare professions. GMS J Med Educ. 2016; 33 (3): Doc46. doi: 10.3205/zma001045.

23) Tune JD, Sturek M, Basile DP. Flipped classroom model improves graduate student performance in cardiovascular, respiratory, and renal physiology. Adv Physiol Educ. 2013; 37 (4): 316-320. doi: 10.1152/advan.00091.2013.

24) Rose E, Claudius I, Tabatabai R, Kearl L, Behar S, Jhun P. The flipped classroom in emergency medicine using online videos with interpolated questions. J Emerg Med. 2016; 51 (3): 284-291.e1. doi: 10.1016/j.jemermed.2016.05.033.

25) Lew EK. Creating a contemporary clerkship curriculum: the flipped classroom model in emergency medicine. Int J Emerg Med. 2016; 9 (1): 25. doi: 10.1186/s12245-016-0123-6.

専門性と多様性のバランス
変化し続けるアスレティックトレーナー像

業界を越え、広がり続けるアスレティックトレーナーの雇用

　アメリカのアスレティックトレーナー（AT）の雇用は、垣根を越えて年々拡大しつつあります。私立や公立の中学や高校、大学、プロスポーツはもちろん、オリンピックスポーツやリトルリーグなどに代表されるユーススポーツにもATは欠かせない存在となっていますし、近年では病院の救急病棟やリハビリ科、フィジカルセラピークリニック、医療フィットネスクリニックなど、アメリカのさまざまな医療の現場でATが雇われ、その筋骨格系損傷の診断力、リハビリテーション力とスポーツの現場での専門性が高く評価されています。National Athletic Trainers' Association（NATA、全米アスレティックトレーナーズ協会）の発表している会員の職種分布を下の図1に示しています。[1]

進む雇用の多様化

　中でも日本ではあまり馴染みのない、比較的新しいATの雇用形態について書き記しておきたいと思います。

Physician Practice（医師診療所）

　以前はPhysician Extender（フィジシャンエクステンダー、医師補佐）と呼ばれていたこの職種、この呼称はもう使われないことが昨年宣言され、[2] 今ではAthletic trainers in physician practice（医師診療所勤務

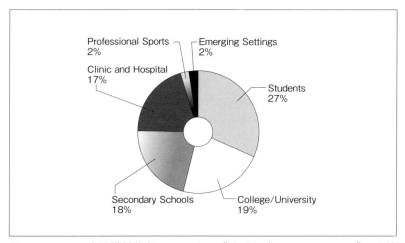

図12-1　NATA会員職種分布。NATAウェブサイト"Where AT Works"1の統計をもとに作成。Emerging Settingsとは、performing arts, public safety, military, occupational healthなどを含む

AT）と呼ぶよう推奨されています。診療所勤務のATは、たとえばこんな業務を担います。1) 診察室に入り、来診患者にまず挨拶。2) 問診、観察、触診、スペシャルテスティング（HOPS）を通じ、患者を評価。3) 一度退室して、医師と「印象」を共有。診断を絞り込んだうえで、4) 医師が診察室に入り、最終診断を下した後、退室。5) ATが再度入室し、ケガの程度や状態、手術の有無、治療方針の共有、質問への返答などを時間を使って説明・対応する。[3] 必要があれば生活習慣やADLの適応などの患者教育、キャスト制作や次の診察予約、記録などの事務仕事も行う。[4]

要約すると、医者の負担を減らし、患者と医師の間に立って医療サービスの効率を上げる仕事を担うわけです。臨床研究でもこういった「補佐」役を雇用することで診察患者数が15〜30％増加、機動力と患者回転数が上昇し、収益が著しく増える一方で、[4,5] ケガについての十分な説明が得られ、聞きたいことも十分に聞けると患者の満足度も上がり、提供される医療の質も高まると報告されています。[4] 他の医療助手と比較しても、多くの患者をさばき慣れており、患者の性格をつかむのが早く、深い臨床経験のあるATはとくに生産性が格段に高いそう。[4] 診療所

勤務のAT平均年収が約4万7000ドルである一方、[6) ATを雇うことで1日200〜1200ドル、[4) 年間12万3000ドル近い利益（給与の約2.6倍!）を見込めるという統計もあることを踏まえれば、[5) この雇用形態が広く普及しつつあるというのは確かに納得のいくところかもしれません。

Public Safety（公衆安全）[7) and Military（軍隊）[8)

　警察や消防隊などのPublic Safety（公衆安全）もアスリートとあまり変わりのない、日々トレーニングを積み、肉体を酷使するきつい仕事です。訓練中や業務中にケガをすることもあるので、ATが介入できる余地は大いにあります。[7) Military（軍隊）も同様です。[8)

　軍隊といえば、私の勤務する大学にはReserve Officers' Training Corps（予備役将校訓練課程）、通称ROTCに在籍する百人超の空軍・海軍将校訓練生がおり、彼らは学費全額免除で大学生として学校に通う傍ら、国に将来貢献する訓練生としてトレーニングを積んでいます。ROTC担当のATも1名スタッフとして勤務しており、AT学生らを送る実習先としても活用させてもらっています（写真12-1）。こういった実習環境が提供できるのはアメリカでもなかなか珍しいのではないでしょうか。

　軍隊もスポーツもそんなに変わらないのでは？　と言われそうですが、共通していることも、全く違うこともあります。大きな「違い」のひとつは、軍隊独特の「装備」。履き心地の悪い硬いブーツを履き、厚手の軍服を着て、銃を小脇に抱え、重たいリュックを背負って何マイルも行進する（時にはフルマラソンの距離も行進するとか！）…もうちょっとフットウェアを変えればいいのに…、夏は、薄手の素材の服にすればいいのに…と思っても、軍隊には軍隊の文化と伝統があるので、ATが提言したからといってホイホイと取り入れてくれるわけもありません。そして、戦場には戦場の事情があるからそういった装備になるのです。結果、ROTCのケガの実に1/3は靴擦れと足の水膨れ（写真12-2）、そしてもう1/3はシンスプリントだと担当ATが嘆いているのをよく耳にしました。

　戦場ならではの深刻なケガも起こり得ます。たとえば、手榴弾などによる爆破で手足が吹き飛び、大量の出血が認められる場合。損傷した隊

写真 12-1　ROTC担当AT（中央左）、AT学生（中央右）と訓練生たち

写真 12-2　靴擦れの手当てをするAT学生AT学生（中央右）と訓練生たち

写真 12-3　軍曹によるTourniquet（止血帯）の指導を受けるAT学生たち

員を一刻も早く医療チームへ託すのはもちろん、その間に止血を試みる必要があります。普段ATが扱い慣れているスポーツ中の出血は擦り傷やかすり傷が主で、ひどいものでも骨折を伴う鼻血や、衝突で額をぱっくり割ってしまった程度。局所圧迫をすれば止まるものがほとんどですが、爆傷による上下肢の外傷性切断となれば止血点にtourniquet（止血

135

帯）を当てがって動脈をきつく縛り、血流そのものを遮らなければなりません。こういった「軍隊ならでは」の医療対応を軍曹が私たちの教育プログラムに教えてくれる機会も設けたりなどして、文化と知識、技術の交換を試みています（写真 12-3）。

Performing Arts（舞台芸術）[9]

　芸術、パフォーミングアーツの世界でもATは活躍しています。バレエダンサーやシルク・ドゥ・ソレイユのパフォーマーや、ディズニーのキャストたちにとって、身体の細かいチューニングは微細なパフォーマンスの違いを生む重要な要素です。そんな彼らに常時ATが帯同し、身体のケアについて指導してくれるとしたら、こんなに心強いことはないでしょう。[9,10] 個人的に、舞台芸術のプロにおける、可動域の向上・維持と安定性の確保とのバランスは見た目以上に繊細で、介入が難しい分野だと思います。それだけに、有能なATが貢献できる度合いは計り知れません。

Industrial/Occupational setting（産業界）[11]

　ATは産業界、つまり一般企業にも進出しています。一般企業の職員も、1日中のデスクワークや長距離運転、立ち仕事など特定のポジションから出られない制限がある人、重いものを棚から棚へ移したり、頭上のパネルをいじったりする人など、十人十色のやり方で日常的に身体を酷使しています。そういった職場環境において、kinesiology（運動学）と ergonomics（人間工学）の知識を応用し、発生したケガの診断と対処はもちろん、安全管理と人間工学に基づいた設計の見直しを通じてケガを予防し、職員がより長くより健康に働き続けられる環境をつくるのが産業界で働くATの仕事なのです。[11,12]

　大学院の同級生だった友人に、アメリカの大手ポテトチップス会社（日本でのカルビーやコイケヤを想像していただければいいのですが）で働くAT、アダム（旧姓：松本）麻美さんがいます（写真 12-4、5、6）。彼女はコネチカット州の工場に勤務する約800名の職員に対して勤務中の姿勢指導や、生活習慣および運動指導などを行い、勤務開始前と比べ、工場内で起こった業務中の事故・ケガが激減したそうです。[12] AT

写真12-4、5、6　チップス工場で勤務し、職員の健康指導を行うアダム（旧姓：松本）麻美さん

の介入により、ケガが3割減少したという報告もあります。[13] 産業界ATは他にも必要があれば、この防具の使用を徹底しましょうと提案したり、この台はあと10cm高くなりませんかと会社と交渉することも…。[10] こうしてケガが減る先行投資をすることで会社全体の健康保険負担額が減り、人的損失も抑えることができます。加えて、同じ職員が健康で休まず勤務を続けることで生産性も上がり、結果として企業にとって

の利益が大きく上がるわけです。[10] NASA に勤務し、宇宙飛行士の傷害予防を担当している AT もいるんですよ。[13] 非肉体労働の職業に進出している AT は今最も注目を集めているといっても過言でないかもしれません。

進むか、戻るか

こうして華々しい改革が進む一方で、AT のこの「雇用拡大」「他分野進出」を懸念する声も業界の中で上がっています。Dr. Prentice は複数の教科書の著者でもある、著名な AT 兼教育者の一人ですが、彼は2013年に発表した論文[14] で、「我々は我々が生まれたところへと今一度立ち返るべきだ」と論じています。彼はこの論文で、職業の幅を広げようとするあまり他の職業とのテリトリー争いが激化し、他医療従事者間との摩擦が増えていることを指摘。我々 AT が最も尽力すべき対象患者はプロアマ問わず、スポーツをする人、よく身体を動かす人たちであろう、それこそが我々のニッチであり、これに我々が専念すれば、他の職業を脅かすことなく、我々の長所をいかんなく発揮し、医療界に貢献できるはずだ、と主張しています。「何でも屋」ではなく、「スポーツの専門家」であるべきだ、これこそが AT の AT たる所以である、と説いているわけです。そして、我々が最優先で守るべき世代は小・中・高校生の若い世代のスポーツであり、一刻も早く法律を制定し、公・私立の中学校と高校での AT の雇用を義務化することこそが業界の最重要課題であると強調しています。

私が 1 章で「アメリカの AT は思春期の中学生のようなもの」と表現した理由はここにあります。まだまだ業界内でも「AT とはどうあるべきなのか」という討論が活発に行われている最中なのです。

先の論文で、Dr. Prentice[14] はアメリカの AT たちに「AT は医療界の重要な構成員である、という認識が一番欠けているのは他でもない我々自身だ」と厳しい提言も行っています。アスレティックトレーナーと言うべきところをトレーナー、患者ではなく選手、アスレティックトレーニングクリニックでなくトレーニングルーム…そういった甘い言葉遣いに出るこの職業へのリスペクトの欠如ももちろんそうですし、週7

日、1日24時間いつでも呼び出されれば仕事に行くというメンタリティーこそが、我々が医療従事者になりきれていない証拠としたうえで、「我々は医療従事者としての振る舞いやたしなみを学んでいかなければいけない。他人を説得する前に、自分自身に一本芯の通った信念をつくるところから始めよう」とこの論文を締めくくっています。[14] 業界の革新実現は、我々の意識改革から…この部分に関しては、私も賛成してもしきれません。

中学校・高校のAT雇用

　では、Dr. Prenticeの主張する「全ての中・高校にATを」という観点からもう少し掘り下げてみましょう。1999年にはアメリカの高校35％にしかATがいなかった[15] が、それが2005年の報告では42％に、[14] そして2015〜2016年には公立校では70％、うちフルタイムが37％、パートタイムが31％、per diem（日当制）が2％、[16] 私立校では58％、うちフルタイムが28％、パートタイムが25％、per diemが4％、にと[17] 爆発的に増えているのは喜ぶべきことです…が、裏を返せば2017年現在公立高校の30％と私立高校の42％が全くATへのアクセスがないことになります。

　ATがいないということはコーチや審判、アスレティックディレクター（AD）などの管理職の人たちが、試合中・練習中に起こるスポーツ傷害に対して、これは救急性があるかないか、プレー続行可能なのか不可能なのか決めなければいけない状況にあるということになります。コーチはほとんどの州で救急救命（心肺蘇生）の資格取得こそ義務づけられてはいるものの、[18] それ以上の医療専門教育を受けているわけでもなければ、医療判断をする資格も有していません。[19] 心肺停止している選手にCPRを始めなければという判断はさほど難しいものではありませんが、たとえば左腹部に衝撃を受けた選手が左肩の痛みを訴えたとき、「脾臓破裂の疑いがある」という可能性をコーチがどれほど思いつけるというのでしょうか？　試合の勝ち負けに左右されない、医療という観点からの冷静な判断が、果たしてコーチにできるのでしょうか？　こうした「人的不備」は、結果的に選手の命を危険にさらすことになります

し、そもそもそういった「プレーして安全かどうか」という判断をする
責任がコーチに降りかかってくること自体がフェアではないという気も
します。

The National Center for Catastrophic Sports Injury Research（訳すな
らば全米スポーツ重度障害研究センター、でしょうか）によれば、過去
33年間の全米スポーツ死亡事故は、大学（20％）と比べ、80％は中・高
校で起きているというのだから驚きです。[20] コーチがコーチの、審判
は審判の仕事に専念する環境をつくるためにも、そして文字通り選手の
命を守るためにも、若いスポーツ世代へのATの雇用こそ拡大すべきと
いうDr. Prenticeの主張は、[14] なるほどこうして改めて考えてみると、
確かに我々の「最重要課題」であるべきなのかなと頷かざるを得ませ
ん。

雇用のネックになっているもの

　では、現在30％の公立高校と42％の私立高校でATが雇われていない
理由はなんなのか？　一番の理由として挙げられるのが、やはり予算不
足です。[17,21] 仮にADがATの雇用の必要性を感じていたとしても、教育
委員会の理解の欠如などが理由で予算が下りなければ雇用は実現しませ
んし、逆に政府からの助成金カットで予算削減を余儀なくされている学
校も少なくありません。[21] 学校のサイズが小さい、スポーツ数が少ない
ので「うちは今のところATは必要がない」と考えていたり、ATの中・
高校での役割の理解が不十分で「いなくてもここまでなんとかなってい
る」「ちょっとしたケガの対応ならばコーチで十分、そしてひどいケガ
はさっさと医者にかからせればいい」と考えているADも少なくない
ようです。[17]

　しかし、「前払い金」こそかかるかもしれませんが、長い目で見れば
ATの雇用が費用削減にもなることも十分考え得るのです。[22,23] 最新の全
米調査による中・高校で働くATの平均年給は約4万9000ドルですが、[6]
1）障害予防が可能、[23] 2）診断や治療、リハビリを学校で受けることが
できれば、結果として、3）不要な医療機関の受診が減り、各生徒、各
家庭の時間的負担と医療コストが著しく減るのは紛れもない事実です。

…ということは、教育委員会からの予算が下りるのを待たずとも、AT
の給料となるべき資本をスポーツに参加する選手の保護者から「部費」
として一定金額回収して賄うという予算捻出法も理にかなっているのか
もしれません。[17,23] 今はまだですが、4）近々ATの提供する医療サービ
スも保険の適用が効くように医療制度が変わるのではという見通しもあ
ります。[19] これが実現すれば、大きな財政的資源になり得るでしょう。
加えて、5）死亡事故や重度のケガが予防できれば多額の費用がかかる
賠償請求を避けられる、[17,23] 6）ADやコーチにとっては、ATの常時勤
務を通して、安全に関する手立ては打っているという安心感も十分に有
意義なものなのではないでしょうか。逆に、そういった安全対策を怠っ
て（ATを雇用しないで）、スポーツ事故が起こってしまった場合の責
任は全てADに跳ね返ってきてしまうでしょうし…。[23]

　個人的には、仕事の場で不慣れな人たちが不慣れな業務を担うことほ
ど効率が悪いことはないと思っています。健康・医療のことは専門家で
あるATにすっぱりと任せ、ADはADの、コーチはコーチの仕事に専
念できたらどんなに楽か。以前にも言及した通り、ATは多くの人にと
って「医療の窓口」なのです。ATがいなければ「軽く」見えるケガは
無視され、コーチに親に「大したことない」と諭された選手は、結果適
切なケアを受けられないという報告もあります。[24] 2013年にThe Inter-
Association Task Force for Preventing Sudden Death in Secondary
School Athletics Programs（中高生のスポーツ中突然死予防に関する協
会間タスクフォースで、13のAT、MD・DO、スポーツ指導者、S&C
コーチなど各全米協会、そして１つのカナダ協会が連携した組織）が、
各校に最低１人はATの雇用を徹底すべきだと公式声明を発表しました
が、[26] それが全米規模で実現するにはもう少し、最低でもあと５〜10年
はかかりそうです。

　さて、これからアメリカのATが短所を補い職業の幅を広げて、ます
ます「何でも屋」になっていくのか、長所を伸ばし「専門家」として自
らの活躍の場を狭めていくのか…、それを明言するのは私の力の及ぶ
範疇を遥かに超えていますが、教育界のトレンドを見る限り、ATは
primary health care providerである、つまり、ケガをした選手が「医
療」というものと出会う入り口に立つ存在であるという役割を何よりも

141

重視して前に進もうとしているように見えます。これから5年は、AT教育の焦点は「救急対応」の拡大に置かれるのではというのが私の予想です。縫合、点滴、血液検査、脱臼の整復、キャスティング、超音波画像診断などが、「医療の入り口」である我々ができるようになれば、より効率のよい医療が実現するのは間違いありません。これらの事柄は近々教育カリキュラムの必修項目に加わるのではと噂されています。

　正直に言うと、もしこれらのことを「明日から教えろ」と言われれば私自身も戸惑ってしまうところです。学生として教わったこともなければ、ATとして臨床で実践経験がないことばかりだからです。しかし、幸いまだ準備する時間はありますし、学べないことなんてありません。我々、資格保持者が時代の移り変わりとともに押し寄せてくる「挑戦」を受け入れ、「この機会を利用して、もっと学んでやろう、もうひとつ上をいってやろう」と自分自身をより高みに突き上げていく覚悟がなければ、この職業全体が成長することなどないでしょう。日々の挑戦こそが教育に関わる醍醐味なのだという気もしています。だって、私が13年前に教わったことをそのまま今教えていては、この職業は何も成長していないことになるのですから。いくつになっても学ぶことを心から楽しみ、変わることを恐れない。その姿勢こそ、実は一番今の学生に見ていてほしいことです。

次の世代にバトンを

　さまざまな分野の「今まで」と「これから」のお話を共有しましたが、これらの事柄は、社会も医療も教育もグングンと発展していく中で、一瞬目を離しただけで周囲の景色というのは一変してしまうものなのだなぁ、という時代の移り変わりの目まぐるしさを私たちにしみじみと実感させてくれるものでもあります。これに逆らい、いやだいやだ、変わりたくない、怖い面倒くさいと今にしがみついていても仕方ありません。時代が私たちをつき動かしてくれているのです、足を止めていてはもったいない。「えいやっ」とつかんだ手を放し、我々もこの時代のうねりに一緒に飲み込まれ、キャーと流されてしまいましょう。

　我々一人ひとりが歴史的な偉業を成し遂げるような医学者や教育者に

はならないかもしれない。でも、こうしてあらあらキャーキャーと「流れ」ていく中で、それでも前の世代からしっかりとバトンを受け取って、次の世代に確実に渡せるお手伝いができていれば、それが「時代の一端を担う」という役割が果たせているということなんだと思います。さて、それでは私も一人でも多くの学生にバトンを渡せるよう、そろそろ勉強に戻ることにします。では皆様、またいつかどこかでお会いしましょう。

[参考文献]

1) National Athletic Trainers' Association. Where ATs Work. http://www.nata.org/about/athletic-training/job/settings. Accessed on February 2, 2017.

2) National Athletic Trainers' Association. 'Physician Extender' Will No Longer be Used to Identify ATs. http://www.nata.org/blog/beth-sitzler/%E2%80%98physician-extender%E2%80%99-will-no-longer-be-used-identify-ats. Published March 24, 2016. Accessed February 3, 2017.

3) National Athletic Trainers' Association. Physician Practice. https://www.nata.org/professional-interests/emerging-settings/physician-practice. Accessed February 3, 2017.

4) Pecha FQ, Xerogeanes JW, Karas SG, Himes ME, Mines BA. Comparison of the effect of medical assistants versus certified athletic trainers on patient volumes and revenue generation in a sports medicine practice. Sports Health. 2013; 5 (4): 337-339. doi: 10.1177/1941738112472659.

5) Hajart AF, Pecha F, Hasty M, Burfeind SM, Greene J. The financial impact of an athletic trainer working as a physician extender in orthopedic practice. J Med Pract Manage. 2014; 29 (4): 250-254.

6) National Athletic Trainers' Association. NATA Salary Survey Results: Explore NATA 2016 Salary Survey Results. https://members.nata.org/members1/salarysurvey2016/results.cfm. Accessed February 4, 2017.

7) National Athletic Trainers' Association. Public Safety. https://www.nata.org/professional-interests/emerging-settings/public-safety. Accessed February 3, 2017.

8) National Athletic Trainers' Association. Military. https://www.nata.org/professional-interests/emerging-settings/military. Accessed February 3, 2017.

9) National Athletic Trainers' Association. Performing Arts. https://www.nata.org/professional-interests/emerging-settings/performing-arts.

Accessed February 3, 2017.

10) Siegle J. Dance dance revolution: how ATs are making a difference for athletes in the world of dancing medicine. NATA News. 2014;1:10-12. https://www.nata.org/sites/default/files/professional-interests-dance-injuries-nata-news.pdf. Accessed February 4, 2017.

11) National Athletic Trainers' Association. Occupational Health. https://www.nata.org/professional-interests/emerging-settings/occupational-health. Accessed February 3, 2017.

12) Siegle J. Dedication, diversity and doritos. NATA News. 2015; 2: 44-45. https://www.nata.org/professional-interests/emerging-settings/occupational-health. Accessed Feburuary 4, 2017.

13) National Athletic Trainers' Association. Athletic Trainers Provide High Return on Investment in Today's Workplace. https://www.nata.org/press-release/110414/athletic-trainers-provide-high-return-investment-today%E2%80%99s-workplace. Accessed February 4, 2017.

14) Prentice WE. Focusing the direction of our profession: athletic trainers in America's health care system. J Athl Train. 2013; 48 (1): 7-8. doi: 10.4085/1062-6050-48.1.21.

15) Lyznicki JM, Riggs JA, Champion HC. Certified athletic trainers in secondary schools: report of the council on scientific affairs, american medical association. J Athl Train. 1999; 34 (3): 272-276.

16) Pryor RR, Casa DJ, Vandermark LW, Stearns RL, Attanasio SM, Fontaine GJ, Wafer AM. Athletic training services in public secondary schools: a benchmark study. J Athl Train. 2015; 50 (2): 156-162. doi: 10.4085/1062-6050-50.2.03.

17) Pike A, Pryor RR, Mazerolle SM, Stearns RL, Casa DJ. Athletic trainer services in US private secondary schools. J Athl Train. 2016; 51 (9): 717-726.

18) Howard B. NFHS begins second level of certification for coaches. National Federation of State High School Associations. https://www.nfhs.org/articles/nfhs-begins-second-level-of-certification-for-coaches/. Accessed February 3, 2017.

19) Dewitt TL, Unruh SA, Seshadri S. The level of medical services and secondary school-aged athletes. J Athl Train. 2012; 47 (1): 91-95.

20) Kucera KL, Yau R, Thomas LC, Wolff C, Cantu R. Catastrophic sports injury research: thirty-third annual report. Fall 1982 – spring 2015. From the National Center for Catastrophic Sport Injury Research at The University of North Carolina at Chapel Hill. https://nccsir.unc.edu/files/2013/10/NCCSIR-33rd-Annual-All-Sport-Report-1982_2015.pdf.

Accessed February 3, 2017.

21) Mazerolle SM, Raso SR, Pagnotta KD, Stearns RL, Casa DJ. Athletic directors' barriers to hiring athletic trainers in high schools. J Athl Train. 2015; 50 (10): 1059-1068. doi: 10.4085/1062-6050-50.10.01.

22) Hambleton MD, Smith S, Eyers C, et al. High school athletic trainer cost saving analysis. Interscholastic Athl Adm. 2012; 39 (2): 8-12.

23) Robinson B. National Federation of State High School Associations. The Value of The Secondary School Athletic Trainer. https://www.nfhs.org/articles/the-value-of-the-secondary-school-athletic-trainer/. Published March 10, 2015. Accessed February 3, 2017.

24) NATA 2014 salary survey. National Athletic Trainers' Association. http://www.nata.org/sites/default/files/2014-NATA-Salary-Survey-Executive-Summary.pdf. Accessed February 3 2017.

25) Kerr ZY, Lynall RC, Mauntel TC, Dompier TP. High school football injury rates and services by athletic trainer employment status. J Athl Train. 2016; 51 (1): 70-73. doi: 10.4085/1062-6050-51.3.02.

26) Casa DJ, Almquist J, Anderson SA, et al. The inter-association task force for preventing sudden death in secondary school athletics programs: best-practices recommendations. J Athl Train. 2013; 48 (4): 546-553. doi: 10.4085/1062-6050-48.4.12.

著者紹介

阿部（平石）さゆり（あべ・ひらいし・さゆり）
1983年、東京都杉並区生まれ。東京都立西高等学校を卒業後、2002年に渡米。テキサス州立サンマルコス大学アスレティックトレーニング学科を卒業したのち、高校でヘッドアスレティックトレーナーとして働きながら2009年フロリダ大学大学院で修士号を取得。NCAAディビジョンIの大学でバレーボール、サンドバレーボール、水泳・ダイビング、ゴルフ、女子バスケットボールなどを担当するアスレティックトレーナーとして5年間勤務した後、現在はテキサスA&M大学コーパスクリスティ校で臨床助教授・アスレティックトレーニング教育プログラムの実習教育責任者として働き、未来のアスレティックトレーナー育成に力を入れている。

米国アスレティックトレーニング教育の今

2017年5月31日　第1版第1刷発行

著　者	阿部（平石）さゆり
発行者	松葉谷　勉
発行所	有限会社ブックハウス・エイチディ
	〒164-8604
	東京都中野区弥生町1丁目30番17号
	電話03-3372-6251
印刷所	シナノ印刷株式会社

方法の如何を問わず、無断での全部もしくは一部の複写、複製、転載、デジタル化、映像化を禁ず。
©2017 by Sayuri Abe-Hiraishi. Printed in Japan
落丁、乱丁本はお取り替え致します。